Das Buch

Mit seinen fast 600 Seiten umfassenden ESSAIS hat uns Michel de Montaigne ein großes Werk der Weltliteratur und Lebensphilosophie hinterlassen. Antoine Compagnon, angesehener Literaturprofessor am Collège de France und einer der führenden Montaigne-Spezialisten weltweit, hat die zentralen Passagen dieses Werkes ausgewählt, darunter Betrachtungen über die Gesprächs- und Diskussionskunst, über Gerechtigkeit und Gleichheit, über Krieg und Frieden und über Sexualität. In vierzig Kapiteln ergänzt Compagnon seine Auswahl mit klugen Hintergrundinformationen, ordnet Montaignes Texte historisch und philosophisch ein und zeigt gleichzeitig ihre aktuelle Tragweite auf.

Der Autor

Der Literaturwissenschaftler ANTOINE COMPAGNON, Jahrgang 1950, lehrt am Collège de France in Paris und an der Columbia University in New York. Er hat zahlreiche wissenschaftliche Bücher geschrieben und ist bekannt für seine mitreißenden Vorlesungen.

Antoine Compagnon

Ein Sommer mit Montaigne

Aus dem Französischen
von Lis Künzli

Ullstein

Besuchen Sie uns im Internet:
www.ullstein-taschenbuch.de

Ungekürzte Ausgabe im Ullstein Taschenbuch
1. Auflage April 2015
© für die deutsche Ausgabe Ullstein Buchverlage GmbH, Berlin
2014 / Ullstein Verlag
© 2013 by Éditions des Équateurs / France Inter
Titel der französischen Originalausgabe: *Une été avec Montaigne*
(Éditions des Équateurs, Paris, 2013)
Umschlaggestaltung: ZERO Werbeagentur, München, unter
Verwendung einer Vorlage von Rothfos & Gabler, Hamburg
Titelabbildungen: Portrait: © getty images / French School;
Ornamente: © getty images / Cloudniners
Satz: LVD GmbH, Berlin
Gesetzt aus der Adobe Garamond
Papier: Pamo Super von Arctic Paper Mochenwangen GmbH
Druck und Bindearbeiten: CPI books GmbH, Leck
Printed in Germany
ISBN 978-3-548-37591-5

Inhalt

Vorwort

Die Leute sollten am Strand liegen oder bei einem Aperitif auf das Mittagessen warten, während im Radio über Montaigne geplaudert wird? Als Philippe Val mich bat, den Sommer lang im Radiosender France Inter über die *Essais* zu sprechen, einige Minuten an jedem Wochentag, fand ich die Idee so absonderlich und die Herausforderung so gewagt, dass ich mich nicht zuzusagen traute.

Zunächst einmal widerspricht es allem, was ich gelernt habe. Montaigne auf Auszüge zu reduzieren, ist mit den gängigen Auffassungen aus meiner Studienzeit nicht vereinbar. Damals war es geradezu verpönt, die traditionellen Lehren in Form von Sentenzen aus den *Essais* zu ziehen, man pries die Rückkehr zum Text in seiner Komplexität und mit all seinen Widersprüchen. Wer es gewagt hätte, Montaigne zu zerstückeln und in kleinen Häppchen zu servieren, hätte sich sofort dem allgemeinen Spott ausgesetzt, sich als intellektueller Hochstapler abstempeln lassen müssen, wäre den Mülleimern der Geschichte überantwortet und zu einem Double von Pierre Charron erklärt worden, einem Zeitgenossen Montaignes, der die Maximen seiner Abhandlung über die Weisheit, *Traité de la sagesse*, von den *Essais* abgeschrieben hatte. Ein solches Tabu aufzubrechen oder einen Weg zu finden, es zu umgehen, die Herausforderung war verführerisch.

Darüber hinaus schien es mir ein Ding der Unmöglichkeit, vierzig prägnante Passagen herauszupicken, kurz darüber zu referieren und dabei sowohl deren historische Dichte als auch aktuelle Tragweite aufzuzeigen. Sollte ich die Stellen aufs Geratewohl auswählen, so wie der Heilige Augustinus es dem Zufall überließ, welche Seite der Bibel er aufschlug? Oder besser eine unvoreingenommene Hand darum bitten, sie zu bestimmen? Im Galopp die großen Themen des Werkes abhandeln, einen Überblick über seine Reichhaltigkeit und Diversität geben? Oder mich eher mit einigen meiner Lieblingsfragmente zufriedengeben, ohne mich um Einheit oder Vollständigkeit zu scheren? Schließlich habe ich dies alles gleichzeitig getan, ohne Ordnung und Plan.

Und zu guter Letzt war es schlicht unmöglich, das Angebot auszuschlagen, zur selben Stunde wie einst Lucien Jeunesse am Sendepult zu sitzen, dem ich den besten Teil meiner Jugendkultur verdanke.

Das Engagement

Ob der Tatsache, dass Montaigne sich selbst gerne als Edelmann darstellte, als ein Müßiggänger, der sich auf sein Anwesen zurückgezogen, in seine Bibliothek verkrochen hatte, vergisst man leicht, dass er sich um sein Jahrhundert verdient gemacht hat und während einer bewegten Periode unserer Geschichte große politische Verantwortung übernahm. So trat er beispielsweise als Vermittler zwischen Katholiken und Protestanten auf, zwischen Heinrich III. und Heinrich von Navarra, dem zukünftigen Heinrich IV. Daraus zog er folgende Lehre:

»In den wenigen Verhandlungen, die wegen der uns heute zerfleischenden Parteiungen und Unterparteiungen mir zwischen unsren Fürsten zu führen aufgetragen war, habe ich peinlich vermieden, eine Maske aufzusetzen, die sie verleiten könnte, mich mißzuverstehn. Berufsdiplomaten suchen nach besten Kräften gegenüber jedem ihre Gedanken zu verbergen und allen nach dem Mund zu reden. Ich hingegen bekenne mich aufs lebhafteste zu meinen

Meinungen und zeige mich ganz so, wie ich bin – ein Neuling und Grünschnabel von Unterhändler, der lieber seinen Auftrag verfehlt als sich selbst.

Gleichwohl hatte ich bis zur Stunde hierbei eine derart glückliche Hand (denn gewiß spielt das Glück in diesen Dingen die Hauptrolle), daß man wenigen Vermittlern zwischen zwei Parteien je mit weniger Mißtrauen begegnet ist, mit mehr Wohlwollen und Vertraun. Ich habe eine offne Art, die andre leicht für mich einnimmt und mir gleich bei der ersten Begegnung Achtung erwirbt. Unbefangenheit und rückhaltlose Wahrheitsliebe waren zu allen Zeiten zeitgemäß und stehn daher auch heute noch hoch im Kurs.« (III, 1, 11 f.)*

Montaignes gesamtes Erwachsenenleben war vom Bürgerkrieg gezeichnet, vom schlimmsten aller Kriege, wie er gerne in Erinnerung ruft, da er Freunde und Brüder miteinander konfrontiert. Von 1562 – er war noch keine dreißig Jahre alt – bis zu seinem Tod 1592 waren die Schlachten, Scharmützel, Belagerungen und Morde stets nur von kurzen Ruhepausen unterbrochen worden.

---

* Die verwendeten Zitate aus den *Essais* sind der folgenden Übersetzung entnommen: Michel de Montaigne. *Essais*. Erste moderne Gesamtübersetzung von Hans Stilett © AB – Die Andere Bibliothek GmbH & Co. KG, Berlin 1998, 2011 (zitiert wurde nach der Taschenbuchausgabe, erschienen in: Deutscher Taschenbuch Verlag, München 2011).

Wie hat er überleben können? Er stellt sich die Frage oft in den *Essais*, unter anderem auch im Jahr 1588, im ersten Kapitel des dritten Buches, »Über das Nützliche und das Rechte«, nach seinen zermürbenden Erfahrungen im Rathaus von Bordeaux, als Krieg und Pest wüteten.

Das Nützliche und das Rechte: Montaigne beschäftigt sich hier mit Fragen nach der öffentlichen Moral, nach Mittel und Zweck, nach der Staatsräson. Machiavelli und der politische Realismus sind in Mode, wie ihn Katharina von Medici, die Tochter von Lorenzo II., verkörpert, dem Machiavelli sein Werk *Der Fürst* gewidmet hat. Die Königinmutter und Witwe Heinrichs II., Mutter der drei letzten Valois, soll die fürchterlichste Anordnung der Epoche getroffen haben: das Massaker der Bartholomäusnacht.

Der Machiavellismus erlaubt Lüge, Wortbruch und Mord im Interesse des Staates, um dessen Stabilität zu sichern, die als oberstes Gut gilt. Montaigne hat sich stets dagegen verwehrt. Er weist Lüge und Betrug entschieden zurück. Er gibt sich, ungeachtet der Gepflogenheiten, stets so, wie er ist, sagt, was er denkt. Der Verschwiegenheit, wie er es nennt, zieht er die Offenheit, die Loyalität vor. Für ihn heiligt der Zweck nicht die Mittel, er ist unter keinen Umständen bereit, die private Moral der Staatsräson zu opfern.

Nun aber stellt Montaigne fest, dass diese gewagte Haltung ihm nicht zum Schaden, sondern eher zum

Vorteil gereicht hat. Sie ist nicht nur ehrlicher, sondern auch nützlicher. Hat ein Politiker einmal gelogen, glaubt man ihm nie wieder; die kurzfristige Ausflucht kommt ihn auf Dauer teuer zu stehen; er hat sich verrechnet.

Montaigne zufolge zahlt es sich weit besser aus, wenn man aufrichtig ist und sein Wort hält. Veranlasst einen nicht die moralische Überzeugung zum ehrlichen Handeln, sollte einen wenigstens die praktische Vernunft dazu bewegen.

Die Gesprächskunst

Wie verhält sich Montaigne in einem Gespräch, sei es eine zwanglose Unterhaltung oder auch eine eher protokollarische Unterredung? Er verrät es uns im Kapitel »Über die Gesprächs- und Diskussionskunst« im dritten Buch der *Essais*. Ein Gespräch ist ein Dialog, ein Gedankenaustausch. Montaigne stellt sich als jemand dar, der offen und zugänglich ist, für die Gedanken der anderen aufgeschlossen, und nicht eigensinnig, borniert und festgefahren in seinen Meinungen.

»Ich heiße die Wahrheit wärmstens willkommen und huldige ihr, in welchen Händen ich sie auch finde; ich ergebe mich ihr frohen Sinnes und strecke vor ihr die Waffen, sobald ich sie nur von ferne nahen sehe. Und falls man mir nicht mit allzu schulmeisterlich geschwollnem Kamm daherkommt, stärke ich Einwänden, die man wider meine Schriften vorbringt, sogar den Rücken: Schon oft habe ich die beanstandeten Stellen mehr aus Entgegenkommen als aus der Überzeugung geändert, daß sie verbesse-

15

rungsbedürftig seien, denn ich möchte zu der Freiheit, mich zu kritisieren, durch solche Zugeständnisse ermuntern und ermutigen – und sei es auf meine Kosten.« (III, 8, 222)

Montaigne beteuert, dass er die Wahrheit selbst dann in Ehren hält, wenn sie von einem unsympathischen Menschen geäußert wird. Er ist nicht hochmütig, empfindet Widerspruch nicht als Demütigung und mag es, korrigiert zu werden, wenn er sich irrt. Was er weniger schätzt, sind selbstgefällige, intolerante Gesprächspartner, die ihrer Sache allzu sicher sind.

Er scheint also der vollkommene Edelmann zu sein, jemand, der liberal ist, die Meinungen anderer ohne jede Eigenliebe respektiert und nicht versucht, das letzte Wort zu haben. Kurz, er betrachtet das Gespräch nicht als einen Kampf, den es zu gewinnen gilt.

Allerdings schiebt er eine Einschränkung gleich hinterher: Wenn er denjenigen gegenüber nachgibt, die ihn korrigieren, dann mehr aus Höflichkeit als aus Einsicht, erst recht, wenn sein Kontrahent von sich selbst eingenommen ist. Er lenkt ein, ohne jedoch seine innerste Überzeugung preiszugeben. Doch handelt es sich hierbei, seiner unermüdlichen Lobrede auf die Aufrichtigkeit zum Trotz, nicht um eine Täuschung? Er gibt seinen aufgeblasenen Gegnern, aber auch allen anderen aus Höflichkeit widerstandslos recht, damit man ihn, wie er sagt, weiterhin auf seine Irrtümer aufmerksam macht, ihn aufklärt. Man muss den Kampf aufgeben – oder zumindest so tun als ob –, damit der andere auch in Zukunft kein Blatt vor den Mund nehmen wird.

»Freilich ist es wahrhaftig schwer, die Menschen meiner Zeit hierfür zu gewinnen: Ihnen fehlt der Mut zur Kritik, weil ihnen der Mut fehlt, Kritik zu ertragen. Deshalb hält jeder in Gegenwart des andern mit seiner Meinung hinterm Berg.

Mir bereitet es eine derartige Freude, bekannt zu werden, indem ich mich dem Urteil der Leute stelle, daß es mir fast einerlei ist, ob sie mich loben oder tadeln. So oft legen meine Gedanken Verwahrung gegeneinander ein und verwerfen sich selbst, daß es mir überhaupt nichts ausmacht, wenn ein andrer es tut – und dies schon deswegen, weil ich seinem Tadel ohnehin nur soviel Gewicht beilege, wie ich will. Auf der Stelle breche ich aber mit jedem, der sich wie einer meiner Bekannten aufs hohe Roß setzt und seine Ratschläge, falls man sie nicht überzeugend findet, als verlorne Liebesmüh ansieht und den Beleidigten spielt, wenn man sich ihnen nachzukommen sträubt.« (III, 8, 222)

Montaigne bedauert, dass seine Zeitgenossen ihm aus Angst, man könnte ihnen ebenfalls etwas entgegenhalten, nicht genügend widersprechen. Da sie Kritik nicht vertragen, sie als demütigend empfinden, üben sie selbst auch keine Kritik aus, und so verharrt jeder auf seinen Gewissheiten.

Erneute und letzte Wendung: Wenn Montaigne den anderen so bereitwillig recht gibt, dann nicht nur aus Gründen des guten Benehmens und um seinen Gesprächspartner zur Widerrede zu ermuntern, sondern auch, weil er sich selbst gar nicht so sicher ist, weil seine Meinungen unbeständig sind und er sich gelegentlich selbst widerspricht. Montaigne liebt den Widerspruch, doch es reicht ihm, wenn er ihm selbst zuteilwird. Was er über alles verachtet, sind allzu stolze Leute, die sich empören, wenn man sich ihrer Meinung nicht anschließt. Wenn es etwas gibt, was Montaigne verabscheut, dann Überheblichkeit und Selbstgefälligkeit.

Alles ist in Bewegung

Über die gesamten *Essais* verteilt finden sich Aussagen über die Unbeständigkeit, den Wandel aller Dinge dieser Welt und die Grenzen des menschlichen Wissens. Nirgendwo wird Montaignes Haltung dazu so deutlich wie im dritten Buch zu Beginn des Kapitels »Über das Bereuen«. Er bringt hier die Erkenntnis auf den Punkt, die er im Laufe des Schreibens an den *Essais* erlangt hat. Neuerliches Paradox: die Beständigkeit in der Unbeständigkeit.

»Die anderen bilden den Menschen, ich bilde ihn ab; und ich stelle hier einen einzelnen vor, der recht mangelhaft gebildet ist und den ich, wenn ich ihn neu zu formen hätte, gewiß weitgehend anders machen würde. Doch nun ist er halt so.

Obwohl die Züge meines Porträts wechseln und sich vielfach wandeln, bleiben sie doch stets wahrheitsgetreu. Die Welt ist nichts als ein ewiges Auf und Ab. Alles darin wankt und schwankt ohne Unterlaß: Die Erde, die Felsen des Kaukasus und die Pyramiden Ägyptens schaukeln mit dem Ganzen und in sich. Selbst die Beständigkeit ist bloß ein verlangsamtes Schaukeln.

So vermag ich den Gegenstand meiner Darstellung nicht festzuhalten, denn auch er wankt und schwankt in natürlicher Trunkenheit einher. Deshalb nehme ich ihn jeweils so, wie er in dem Augenblick ist, da ich mich mit ihm befasse.« (III, 2, 33)

Wie so oft beginnt Montaigne mit einem Bekenntnis zur Demut. Er setzt sich ein niedriges, bescheidenes Ziel. Im Unterschied zu fast allen anderen Autoren, die bilden und erziehen wollen, will er keine Lehren erteilen. Er erzählt von sich, spricht von sich selbst als Mensch. Im Übrigen stellt er sich in keiner Weise als Vorbild dar: Er sei »recht mangelhaft gebildet«, schreibt er, und um daran etwas zu ändern, sei es nun zu spät. Man solle sich also besser kein Beispiel an ihm nehmen.

Trotzdem sucht er die Wahrheit. Aber sie zu finden in einer solch unstabilen, turbulenten Welt, ist nicht möglich. Alles fließt, wie Heraklit sagt. Nichts ist beständig unter dem Himmel, nicht die Berge oder Pyramiden, nicht die Wunder der Natur und nicht die vom Menschen erbauten Monumente. Das Objekt wandelt sich, genauso wie das Subjekt. Wie sollte es da ein festes, verlässliches Wissen geben?

Montaigne leugnet nicht, dass es die Wahrheit gibt, er bezweifelt nur, dass sie dem Menschen zugänglich ist. Er ist ein Skeptiker, der die Frage: »Was weiß ich?« zur Devise und die Waage zum Emblem erkoren hat. Das aber ist kein Grund zur Verzweiflung.

»Ich schildere nicht das Sein, ich schildre das Unterwegssein: weniger von einem Lebensalter zum andern oder, wie das Volk sagt, von *Jahrsiebt zu Jahrsiebt*, als von Tag zu Tag, von Minute zu Minute.

Ich muß mich mit meiner Darstellung nach der Stunde richten, könnte ich mich doch bald wieder verändern, durch Vorsatz nicht minder denn durch Zufall. Dies hier ist also das Protokoll unterschiedlicher und wechselhafter Geschehnisse sowie unfertiger und mitunter gegensätzlicher Gedanken, sei es, weil ich selbst ein anderer geworden bin, sei es, weil ich die Dinge unter andern Voraussetzungen und andern Gesichtspunkten betrachte.« (III, 2, 33)

Es geht also darum, sich mit den Bedingungen der menschlichen Existenz abzufinden, unsere missliche Situation zu akzeptieren: Montaigne hat das Werden, nicht das Sein im Blick. Schon im nächsten Augenblick wird die Welt sich verändert haben, und ich mich mit ihr. In den *Essais* beschränkt sich Montaigne auf die Feststellung, wie sehr die Welt sich unaufhörlich wandelt. Er ist ein Relativist. Man könnte gar von Perspektivismus sprechen: Ich habe zu jedem Zeitpunkt einen anderen Blick auf die Welt. Meine Identität wandelt sich beständig. Montaigne hat keinen »Fixpunkt« gefunden, jedoch nie aufgehört, danach zu suchen.

Seine Beziehung zur Welt lässt sich in einem Bild ausdrücken: dem Bild des Reitens. Ein Pferd, auf dem der Reiter im wankenden Sattel im Gleichgewicht bleibt. Der Sattel, da haben wir's. Die Welt bewegt sich, ich bewege mich: An mir liegt es, in der Welt sattelfest zu werden.

Die Indianer von Rouen

Im Jahr 1562 begegnet Montaigne in Rouen drei Indianern aus der France Antarctique, der kurzzeitigen französischen Kolonie in der Bucht von Rio de Janeiro. Die drei wurden dem damals zwölfjährigen König Karl IX. vorgeführt, der sich sehr für die Eingeborenen aus der Neuen Welt interessierte. Anschließend führte Montaigne ein Gespräch mit ihnen.

»… drei von ihnen, nicht ahnend, wie teuer für ihre Seelenruhe und ihr Glück sie die Bekanntschaft mit unsrer Sittenverderbnis eines Tages zu stehn käme, ja, daß dieser Verkehr mit uns zu ihrem Ruin führen würde (der, wie ich vermute, schon weit fortgeschritten ist). Ach, diese Unglückseligen, die sich von ihrer Neugierde dazu verlocken ließen, ihren so lieblichen Himmelsstrichen den Rücken zu kehrn, um die unsren kennenzulernen! Der König sprach lange mit ihnen. Man zeigte ihnen unsere Lebensweise, unsre Prachtentfaltung und das Erscheinungsbild dieser schönen Stadt.« (I, 31, 332)

Montaigne ist ein Pessimist: Die Neue Welt, eine kindliche, unschuldige Welt, wird durch die Berührung mit der Alten Welt verkommen – die Entwicklung hat bereits ihren Anfang genommen. So steht es am Ende des Kapitels »Die Menschenfresser«. Montaigne schildert darin, dass sich Brasilien in einem Goldenen Zeitalter befindet, vergleichbar mit dem Atlantis der Mythologie. Die Indianer sind nicht Wilde in Hinsicht auf die Gewaltsamkeit, sondern in Bezug auf die Natur – und die Barbaren sind wir. Wenn sie ihre Feinde essen, dann nicht, um sich zu ernähren, sondern um einen Ehrenkodex zu erfüllen. Mit anderen Worten, Montaigne lässt ihnen alles und uns nichts durchgehen.

»Hernach fragte sie jemand nach ihrem Urteil und wollte wissen, was ihnen am meisten aufgefallen sei.

In ihrer Antwort wiesen sie auf drei Dinge hin, von denen ich zu meinem großen Ärger das dritte vergessen habe; doch die beiden andern sind mir noch in Erinnrung: Erstens, sagten sie, hätten sie es höchst seltsam gefunden, daß so viele den König umgebende große Männer, bärtig, stark und bewaffnet – wahrscheinlich sprachen sie von den Schweizern seiner Leibwache –, sich dazu herabließen, diesem Kind zu gehorchen, statt einen der ihren zum Befehlshaber zu wählen [...]« (I, 31, 332).

Durch eine Umkehrung der Perspektive, die uns später durch Montesquieus *Persische Briefe* vertraut werden wird, sind es diesmal die Indianer, die uns beobachten, sich über unsere Gepflogenheiten wundern, deren Absurdität feststellen. Als Erstes die »freiwillige Knechtschaft«, wie Montaignes Freund Etienne de La Boétie es ausdrückt. Wie kommt es, dass so viele kräftige Männer einem Kind Gehorsam leisten? Durch welches Mysterium unterwerfen sie sich ihm? La Boétie zufolge müsste das Volk einfach zu gehorchen aufhören, und der Prinz wäre gestürzt. Gandhi wird später den passiven Widerstand und den zivilen Ungehorsam predigen. So weit geht der Indianer nicht, doch die Herrschaftslegitimation durch das Gottesgnadentum der Alten Welt scheint ihm unbegreiflich.

»... zweitens (und hier muß man wissen, daß sie in ihrer Redeweise die Menschen als Hälften voneinander bezeichnen) hätten sie bemerkt, daß es Menschen unter uns gebe, die alles besäßen und mit guten Dingen jeder Art geradezu vollgestopft seien, während ihre andern Hälften bettelnd an deren Türen stünden, von Armut und Hunger ausgemergelt; und sie fänden es verwunderlich, daß diese, notleidend, wie sie seien, eine derartige Ungerechtigkeit geduldig hinnähmen, statt die Reichen an der Gurgel zu packen und ihre Häuser in Brand zu stecken.« (I, 31, 332)

Der zweite Skandal also ist die Ungerechtigkeit zwischen Reichen und Armen. Montaigne macht seine Indianer wenn nicht zu vorzeitigen Kommunisten, so doch zumindest zu Verfechtern von Gerechtigkeit und Gleichheit.

Es ist eigenartig, dass Montaigne das dritte Motiv für die Empörung seiner Indianer vergessen hat. Worum könnte es sich nach dem Staunen über eine politische und eine ökonomische Eigenheit handeln? Wir werden es nie mit Sicherheit wissen, aber ich hatte schon immer eine Vermutung; ich werde sie ein anderes Mal verraten.

Ein Sturz vom Pferd

Es ist eine der berührendsten Passagen in den gesamten *Essais*, denn nur selten erzählt Montaigne so minutiös eine Begebenheit aus seinem eigenen Leben, das zudem so persönlich ist. Es handelt sich um einen Sturz vom Pferd und die anschließende Ohnmacht.

»Während unsres dritten Religionskriegs, oder des zweiten (denn ich erinnre mich nicht mehr genau), war ich, der ich inmitten all dieser Wirren Frankreichs lebe, eines Tages eine Meile weit von zu Hause ausgeritten und hatte, da ich mich so nahe meinem Anwesen in völliger Sicherheit glaubte und es deshalb für überflüssig hielt, besser beritten zu sein, nur ein fügsames, aber ziemlich kraftloses Pferd genommen.

Als es auf dem Rückweg nun plötzlich einen Anlaß gab, mich seiner zu einem Manöver zu bedienen, mit dem es überhaupt nicht vertraut war, wollte einer meiner Leute, ein großer und starker Kerl auf einem mächtigen und wie ein Ackergaul hartmäuligen, dabei lebhaften, ja ungestümen Hengst, den

27

Wagemutigen spielen und sich gegenüber seinen Gefährten hervortun – und preschte mir gestreckten Galopps derart dicht hinterdrein, daß er gleich einem Koloß auf mich kleinen Reiter auf dem kleinen Pferd stürzte und unter seiner wuchtigen Schwere uns beide, Beine gen Himmel, zu Boden riß.

Da lag nun mein Pferd gänzlich betäubt der Länge nach hingestreckt, ich zehn, zwölf Schritte davon entfernt, wie tot, rücklings, das Gesicht rundum voller Blutergüsse und zerschunden, mein Degen, den ich in der Hand gehalten hatte, mehr als zehn Schritte weiter weg, mein Gurt zerfetzt und in mir kein Gefühl mehr, keine Regung: ein Holzklotz.« (II, 6, 67 f.)

Gewöhnlich beschränkt Montaigne sich in den *Essais* auf seine Leseerlebnisse und die Gedanken, die sie in ihm auslösen, und wenn er von sich selbst spricht, beschreibt er sich eher, als dass er von sich erzählt. Hier jedoch haben wir es mit einem sehr intimen Erlebnis zu tun. Der Bericht spart nicht an Einzelheiten; die Umstände sind präzise angegeben: erster oder zweiter Bürgerkrieg, zwischen 1567 und 1570. Montaigne nutzt eine etwas ruhigere Phase, um ein wenig auszureiten, auf einem zahmen Pferd, ohne sich weit von seinem Gut zu entfernen und ohne große Begleitung.

Es folgt dieser lange schöne Satz voll malerischer Ausschmückungen, der von dem Missgeschick erzählt: der mächtige Hengst, den einer seiner Leute reitet; er selbst, »kleiner Reiter auf kleinem Pferd«, überrannt von dem riesigen Tier, das hinter ihnen hergejagt war. Wir sehen es bildlich vor uns: die Landschaft der Dordogne inmitten der sonnenbeschienenen Weinberge, das ausgelassene Trüppchen. Dann der Schock: Montaigne liegt auf dem Boden, ohne Gurt, ohne Schwert, mit Prellungen übersät, und vor allem ohnmächtig, bewusstlos.

Es ist alles da. Wenn Montaigne so viele Einzelheiten preisgibt, liegt das daran, dass er sich selbst an nichts erinnern kann und seine Leute ihm erzählen mussten, was vorgefallen ist, die Rolle, die der große Hengst und dessen Reiter spielten, geflissentlich verschweigend. Was ihn interessiert und verwirrt, ist seine Bewusstlosigkeit und die langsame Rückkehr ins Leben, nachdem man ihn nach Hause gebracht und für tot gehalten hat. So nah wie bei diesem Unfall ist Montaigne dem Tod noch nie gekommen, und es war eine sanfte, schmerzlose Erfahrung. Es gibt also keinen Grund, den Tod übermäßig zu fürchten.

Doch Montaigne zieht noch eine weitere, eine modernere, wichtigere Lehre aus dieser Erfahrung. Sie regt ihn dazu an, über die Identität, die Beziehung zwischen Körper und Geist nachzudenken. Offenbar hat er ohne Bewusstsein Handlungen ausgeführt, gesprochen und sogar die Anweisung gegeben, man möge sich um seine Frau kümmern, die benachrichtigt wurde und herbeigeeilt kam. Was sind wir, wenn unser Körper handelt, wenn wir sprechen, befehlen, ohne dass unser Wille daran beteiligt ist? Wo ist unser Ich? Jahrhunderte vor Descartes, vor der Phänomenologie und vor Freud stellt Montaigne dank dieses Sturzes Fragen zur Subjektivität wie zum Willen und entwirft seine eigene Theorie über die Identität – die er als unsicher und unbeständig begreift. Wer schon einmal vom Pferd gefallen ist, wird ihn verstehen.

Die Waage

Montaigne ist Richter; er hat eine juristische Ausbildung genossen und weiß um die Mehrdeutigkeit von Texten, und zwar nicht nur von juristischen, sondern auch literarischen, philosophischen und theologischen. Sie alle sind Gegenstand von Interpretationen und Auseinandersetzungen, die uns, anstatt uns dem Sinn näherzubringen, stets weiter von ihm entfernen. Wir häufen immer weitere Schichten von Kommentaren zwischen uns und ihnen an, die die Wahrheit in unerreichbare Ferne rücken. In seiner »Apologie für Raymond Sebond« erinnert Montaigne daran.

»Unsere Sprache hat wie alles übrige ihre Mängel und Makel. Die meisten Wirren der Welt werden von der Grammatik ausgelöst: Unsre Rechtshändel entspringen den Disputen über die Auslegung der Gesetze und die Kriege zum größten Teil der Unfähigkeit, die Verträge und Abmachungen der Fürsten eindeutig abzufassen. Wie viele Zwistigkeiten, und wie folgenschwere, hat im Glaubenskampf allein die umstrittne Bedeutung der Silbe *hoc* über die Welt gebracht!« (II, 12, 299)

Als Mann der Renaissance mokiert Montaigne sich über die mittelalterliche Tradition, in der Glosse um Glosse aneinandergereiht wurde. Rabelais vergleicht sie mit Exkrementen, *faeces literarum*. Montaigne plädiert für eine Rückkehr zu den Autoren, zu den Originaltexten von Platon, Plutarch oder Seneca.

Aber das ist noch nicht alles. In seinen Augen hängen sämtliche Übel der Welt – Prozesse und Kriege, öffentliche und private Streitigkeiten – mit Missverständnissen über den Sinn der Wörter zusammen. So auch der Konflikt, der Katholiken und Protestanten entzweit. Montaigne führt ihn auf einen Disput über die Silbe *hoc* im Sakrament der Eucharistie zurück: *Hoc est enim corpus meum, hoc est enim calix sanguinis mei*, hat Christus gesagt, und so wiederholt es der Priester: Dies ist mein Leib, dies ist mein Blut. Der Transsubstantiationslehre oder der Lehre der realen Präsenz zufolge verwandeln sich Brot und Wein in das Fleisch und Blut Christi. Die Calvinisten hingegen beschränken sich auf die Behauptung der geistigen Anwesenheit Christi in Brot und Wein. Was denkt also Montaigne darüber, der die Reformation auf einen Wortstreit zurückführt? Wir wissen es nicht, er behält seine innerste Überzeugung für sich.

»Nehmen wir einen Satz, der uns von der Logik

her völlig klar erscheint: Wenn du ›Es herrscht schönes Wetter‹ sagst und dabei die Wahrheit sprichst, herrscht also schönes Wetter. Ist das nicht eine eindeutige Redeweise? Und doch kann dergleichen täuschen. Verfolgen wir zum Beweis das Beispiel weiter: Wenn du ›Ich lüge‹ sagst und dabei die Wahrheit sprichst, lügst du also. Folgerichtigkeit und Überzeugungskraft des kunstgerechten Schlusses sind in diesem Fall genauso groß wie im andern – gleichwohl sitzen wir hier in der Patsche.« (II, 12, 299)

Das Beispiel der Eucharistie dient Montaigne als Bestätigung für seinen Skeptizismus, den er mit dem sogenannten Kreter- oder Lügner-Paradoxon illustriert: »Ein Mann behauptet ›Ich lüge‹. Wenn es stimmt, ist es falsch. Wenn es falsch ist, stimmt es.« Montaigne ist ein Schüler Pyrrhons, des griechischen Philosophen, der die »Enthaltung von jeglichem Urteil« verficht, die einzige logische Folgerung aus dem Zweifel. Noch radikaler jedoch als Pyrrhon zeigt sich Montaigne, wenn er gar die Formel »Ich zweifle« bestreitet, denn wenn ich sage, dass ich zweifle, dann zweifle ich zumindest daran nicht: »Ich sehe, wie die pyrrhonischen Philosophen ihre Grundkonzeption in keinerlei Redeweise ausdrücken können, denn dazu brauchten sie eine neue Sprache.« (II, 12, 299 f.)

Diese neue Sprache hat Montaigne gefunden, indem er seine eigene Devise als Frage und nicht als Behauptung formuliert: »Diese Anschauung läßt sich eindeutiger in die Frage fassen: *Was weiß ich?* Daher habe ich sie als meinen Wahlspruch über dem Bild einer Waage auf eine Medaille prägen lassen.« (II, 12, 300) Die schwebende Waage stellt seine Unschlüssigkeit dar, seine Weigerung oder Unfähigkeit, Entscheidungen zu treffen.

Ein Hermaphrodit

Auf seiner Reise nach Deutschland im Jahr 1580, die ihn schließlich bis nach Rom führte, traf Montaigne einen Mann, der als Mädchen zur Welt kam und es mehr als zwanzig Jahre lang geblieben ist, bevor er zum Jungen wurde:

»Auf der Durchreise in Vitry-le-François bekam ich einen Mann zu sehn, den der Bischof von Soissons unter seinem Taufnamen *Germain* gefirmt hatte, der jedoch bis zu seinem zweiundzwanzigsten Lebensjahr von allen Einwohnern für ein Mädchen gehalten und *Marie* genannt wurde. Er war unverheiratet, zum damaligen Zeitpunkt bereits alt und wies einen starken Bartwuchs auf. Seiner eignen Aussage nach seien ihm durch die Anspannung eines Sprungs plötzlich seine männlichen Geschlechtsteile hervorgeschnellt; die Mädchen pflegen in dieser Gegend noch ein Lied zu singen, in dem sie einander warnen, allzu ausgreifende Schritte zu machen, damit sie nicht zu Burschen würden – wie *Marie Germain*.

Es ist gar nicht so verwunderlich, daß sich derartige Begebenheiten häufig zutragen, denn dieser Gegenstand übt ständig eine ungeheure Anziehungskraft auf die Phantasie aus. Wenn sie nicht immer wieder in dieselben hitzigen Gedanken und Bedrängnisse der Begierde zurückfallen will, tut sie tatsächlich besser daran (soweit sie das in solchen Dingen vermag), den Mädchen das männliche Glied ein für allemal anzuhängen und einzuverleiben.« (I, 21, 150)

Wie seine Zeitgenossen interessiert sich auch Montaigne für solch »Denkwürdige Geschichten über Frauen, die sich in Männer verwandelten« – so eine Kapitelüberschrift im Buch *Des monstres et prodiges* (Über Monster und Missgeburten) des Arztes Ambroise Paré. Die Renaissance ist fasziniert von den Kuriositäten der Natur wie beispielsweise von dem Hermaphroditen, der gleichzeitig Mann und Frau ist. Marie wird zu Germain, nachdem eine körperliche Anstrengung ihr männliches Organ zum Vorschein bringt, das bis dahin verdeckt oder vielmehr so weit nach innen gekehrt war, dass man ihn stets für ein Mädchen gehalten hatte.

Aber Montaigne relativiert das Wunder. Derartige Vorkommnisse sind keine Seltenheit; deswegen tun die Mädchen gut daran, allzu große Schritte zu vermeiden, damit sie sich nicht in Jungen verwandeln. Der Grund dafür ist die »Macht der Phantasie«, wie das Kapitel überschrieben ist, in dem die Anekdote erzählt wird. Statt ununterbrochen nur an das Geschlecht zu denken, haben die Mädchen es geschwind in sich selbst hervorgebracht. Sie haben sich so lange mit ihm beschäftigt, bis es ihnen gewachsen ist. Es geht hier nicht um den »Penisneid«, den Freud später als Entwicklungsstadium des kleinen Mädchens theoretisieren wird, sondern um das weibliche Begehren, das für Montaigne ebenso viele Rätsel birgt wie für Rabelais, wie man dem dritten Band seines Romanzyklus über Gargantua und Pantagruel entnehmen kann, *Das dritte Buch der Taten und Worte des edlen P.* Wenn man den Mann zu sehr begehrt, wird man selbst zu einem. Wie so oft ist es schwer zu sagen, ob Montaigne uns auf den Arm nehmen will.

Im Übrigen kommt er gleich im Anschluss sehr ausführlich auf die Opfer eines damals relativ weitverbreiteten Brauchs zu sprechen, der ebenfalls die Macht der Einbildungskraft illustriert: die männliche Ohnmacht oder das *Nestelknüpfen.* So wird der Fluch genannt, der beim Knüpfen eines Knotens gesprochen wird, um einen Mann impotent werden zu lassen und damit den Vollzug der Ehe zu unterbinden.

Außerdem zögert Montaigne nicht, von folgender Begebenheit zu berichten: Es war für »meinen Herrn Mandanten« (I, 21, 158), wie er sein männliches Organ scherzhaft nennt, unmöglich, seinen Dienst auszuführen. Denn ein Bekannter hatte ihm zuvor von seinem Versagen berichtet, woran er sich in diesem höchst ungelegenen Augenblick erinnerte.

Besser lässt sich diese komplizierte Beziehung zwischen Körper und Geist wohl kaum illustrieren als durch dieses männliche Organ, das nicht auf meine Befehle hört und nur nach seinem eigenen Kopf handelt, als hätte es einen eigenen Willen, unabhängig von mir, ungefügig, ungeregelt und rebellisch: »Will er denn immer, wie wir wollen, daß er wolle?« (I, 21, 158), fragt sich Montaigne, der sich die menschliche Identität als kleines Seelendrama vorstellt, in dem sich auf der Theaterbühne die unterschiedlichen Instanzen miteinander unterhalten und streiten: Geist, Wille und Phantasie.

Der ausgefallene Zahn

Der Tod ist eines der großen Themen, auf die Montaigne immer wieder zurückkommt. Die *Essais* stellen auch eine Vorbereitung auf den Tod dar, vom Kapitel »Philosophieren heißt sterben lernen« zu Beginn des ersten Buches bis hin zum Kapitel »Über die Physiognomie« am Ende des dritten Buches, in dem Montaigne die stoische Haltung der Bauern lobt, die sich angesichts der Verwüstungen durch Kriege und Pest so weise und ruhig verhalten wie Sokrates, als er den Schierlingsbecher leerte. Weiterhin heißt es im Kapitel »Über die Erfahrung«:

»Gott zeigt sich denjenigen gnädig, denen er das Leben schrittweise entzieht; dies ist der einzige Segen des Altwerdens. Das letzte Stück Sterben wird dadurch um so weniger umfassend und zerstörerisch sein – es tötet nur noch einen halben, ja Viertelmenschen. Gerade ist mir ein Zahn ausgefallen, ohne Nachhilfe, ohne Schmerz: Das natürliche Ende seiner Zeit war erreicht. Wie dieser Teil von mir sind auch manch andere bereits tot, wieder andre halbtot, die zu meinen lebenskräftigsten zählten und in der Blüte meiner Jahre den ersten Rang einnahmen. So schwinde ich dahin und entgleite mir.« (III, 13, 500)

Man kann den Tod nicht ausprobieren, da er nur einmal stattfindet, doch Montaigne lotet jede Erfahrung aus, die ihm eine Vorahnung davon vermitteln kann, wie zum Beispiel – wir haben es bereits gesehen – den Sturz vom Pferd, auf den eine Ohnmacht folgte, die ihm als ein sanfter, friedlicher Tod erschien. Diesmal ist ein ausgefallener Zahn Anlass zu einer kleinen Fabel über den Tod.

Das Altern bietet zumindest einen Vorteil: dass man nicht auf einen Schlag stirbt, sondern nach und nach, Schritt für Schritt. Somit wird das »letzte Stück Sterben«, wie er es nennt, nicht so drastisch sein, wie der Tod es wäre, wenn er in der Jugend oder in der Blüte des Lebens erfolgt. Der ausgefallene Zahn – ein banaler, nicht allzu schrecklicher Kummer, den Montaigne erfahren haben muss – wird zum Zeichen des Älterwerdens und zum Vorboten des Todes. Er vergleicht ihn mit anderen körperlichen Gebrechen, die ihm zu schaffen machen, unter anderem, verständlicherweise, seiner schwindenden Manneskraft. Lange vor Freud bringt Montaigne den Zahn und das Geschlechtsorgan als Zeichen der Potenz miteinander in Verbindung, beziehungsweise der Impotenz, wenn sie zu wünschen übriglassen.

»Wie töricht wäre mein Verstand, wenn er mir einreden wollte, ich würde diesen Sturz in seiner letzten kleinen Spanne genauso schmerzlich wahrnehmen, als erfolgte er aus voller Höhe! Ich hoffe, er wird verständiger sein.« (III, 13, 500) Das Ende des Absatzes ist durchaus zweideutig: Es wäre töricht, das letzte Stück Sterben, also dasjenige, das nur noch einen Rest des Menschen dahinrafft, als vollständig zu empfinden. Montaigne hofft, dass ihm das erspart bleiben wird. Aber ist er sich dessen auch sicher? Er denkt weiter darüber nach: Sich die Frage zu stellen heißt zuzugeben, dass sie sich stellt. Man kann den Verlust eines Zahnes und andere Schwächen seines Körpers noch so bewusst wahrnehmen, das letzte Stück Sterben würde deswegen vielleicht trotzdem als vollständig erlebt werden.

»Der Tod ist stets und überall unserm Leben beigemischt und verschmilzt mit ihm; der Abstieg geht der Stunde des Sterbens voraus und schleicht sich bereits in unsren Aufstieg. Ich habe Porträts, die mich mit fünfundzwanzig und mit fünfunddreißig Jahren zeigen. Vergleiche ich sie mit meinem jetzigen – in wie vieler Hinsicht bin das nicht mehr ich! Und wieviel weiter ist es von den früheren entfernt als von dem Bild, das ich im Tode bieten werde!« (III, 13, 501)

Montaigne redet sich gut zu: Sein Geist ruft seine Einbildungskraft zur Ordnung. Wir besitzen Porträts von uns aus verschiedenen Lebensaltern, und wir wissen, dass diese Personen auf den vergilbten

Bildern nicht mehr wir sind. Er legt großen Wert auf den Unterschied zwischen meinem jetzigen und meinem einstigen Ich. Und doch bleibt etwas von mir ganz: »Das bin nicht mehr ich«, sagt er von einem früheren Porträt. Also bleibt ein Ich, ein ganzes Leben, und dieses Ich ist es, das sterben wird.

Die Neue Welt

Die Entdeckung von Amerika und die anschließenden ersten kolonialen Expeditionen dorthin haben die Menschen in Europa stark geprägt. Viele sahen darin einen Grund zum Optimismus, einen Fortschritt für den Westen, der Amerika viel verdankt: Tomaten, Vanille, Piment und vor allem Gold. Montaigne jedoch zeigt sich besorgt.

»Unsere Welt hat kürzlich eine andre entdeckt (und wer steht uns dafür ein, daß es die letzte unter ihren Schwestern sein wird, wo doch weder Orakel und Sibyllen noch wir selbst bisher von dieser gewußt haben?), die nicht weniger groß, weniger bevölkert und weniger vielgestaltig ist als unsre, jedoch derart neu und unberührt, daß man die Eingebornen erst jetzt das Abc zu lehren beginnt. Es sind noch keine fünfzig Jahre her, da kannten sie weder Buchstaben noch Gewichte, weder Maße noch Kleider, weder Getreide noch Wein. Ganz nackt lagen sie im Schoß ihrer Nährmutter Natur und lebten allein aus deren Brust.

Sollte aber unser Schluß auf den Untergang der Welt als der *unseren* [nicht] falsch sein [...], wird diese andere erste dann ins Licht treten, wenn die unsre daraus scheidet. Dabei dürfte das All, während der eine Teil abstirbt und der andre vor Kraft überquillt, in Schüttellähmung verfallen.« (III, 6, 196 f.)

Es wird vielleicht nicht die letzte Welt sein, die wir entdecken werden, so Montaigne, wohin soll uns das alles führen? Die Neue Welt hält er im Vergleich mit der seinen für eine unschuldige, die dadurch charakterisiert ist, dass ihr etwas fehlt: Schrift, Kleidung, Brot und Wein. In seiner Beschreibung schwingen grundlegende religiöse Fragen mit. Wenn die Menschen dort ohne jede Scham nackt herumlaufen, wie Adam und Eva im Paradies, bedeutet das dann nicht, dass sie nie daraus vertrieben wurden? Dass sie von der Erbsünde verschont geblieben sind?

Die Neue Welt ist folglich dem Naturzustand näher als die Alte Welt. Und die Natur, die Mutter Natur, kann Montaigne als Gegensatz zur Künstlichkeit gar nicht genug loben. Je näher wir der Natur sind, desto besser; die Männer und Frauen der Neuen Welt hatten also vor ihrer Entdeckung durch Kolumbus ein besseres Leben.

Montaigne fürchtet das Ungleichgewicht, das die Berührung der beiden Welten im Universum hervorbringen wird, verursacht durch die unterschiedlichen Stadien ihrer Entwicklung. Er begreift das Uni-

versum der Analogie zwischen Makro- und Mikro-
kosmos entsprechend als menschlichen Körper. Nun
droht das Universum zu einem Ungeheuer zu werden, das auf einem gesunden und einem gebrech-
lichen Bein steht; es wird verformt, wackelig, hin-
kend.

Der Autor der *Essais* glaubt nicht an den Fortschritt. Seine zyklische Geschichtsphilosophie orien-
tiert sich am menschlichen Leben, das von der Kindheit über das Erwachsenendasein ins Alter führt,
beziehungsweise von der Blüte zum Niedergang. Die
Kolonialisierung Amerikas verheißt nichts Gutes,
wird doch die Alte Welt die Neue verderben.

»Ich fürchte freilich, daß wir die neue Welt mit
unserm Gift bereits angesteckt und so auch ihren
schnellen Verfall und Untergang eingeleitet haben;
die ihr von uns aufgedrängten Anschauungen und
Künste werden sie jedenfalls überaus teuer zu stehn
kommen. Es war eine kindliche Welt; doch wir
zwangen sie nicht etwa durch einen Vorrang unserer
Tapferkeit und natürlichen Stärke unter die Knute
unsrer Herrschaft, und nicht Gerechtigkeitssinn,
Rechtschaffenheit und Großmut waren es, mit denen wir sie für uns gewannen.« (III, 6, 197)

Die Berührung mit der Alten Welt wird den Niedergang der Neuen Welt beschleunigen, ohne uns zu
verjüngen, da die Geschichte sich nur in eine Rich-
tung entwickelt und das Goldene Zeitalter hinter

uns liegt. Wir haben die Neue Welt nicht durch unsere moralische Überlegenheit für uns eingenommen, sondern durch unsere rohe Kraft bezwungen.

Montaigne hatte die ersten Berichte über die Brutalität der spanischen Kolonisten in Mexiko und die wilde Zerstörung einer bewundernswürdigen Zivilisation gelesen. Er ist einer der ersten Kritiker des Kolonialismus.

Die Alpträume

Warum hat Montaigne die Niederschrift der *Essais* in Angriff genommen? Er klärt uns in einem kurzen Kapitel des ersten Buches, *Über den Müßiggang*, darüber auf, wo er von den Widrigkeiten berichtet, mit denen er nach seinem Rückzug im Jahr 1571 zu kämpfen hatte:

»Als ich mich kürzlich nach Hause zurückzog, entschlossen, mich künftig soweit wie möglich mit nichts anderem abzugeben, als das Wenige, was mir noch an Leben bleibt, in Ruhe und für mich zu verbringen, schien mir, ich könnte meinem Geist keinen größeren Gefallen tun, als ihn in voller Muße bei sich Einkehr halten und gleichmütig mit sich selbst beschäftigen zu lassen – hoffte ich doch, daß ihm das nunmehr, da er mit der Zeit gesetzter und reifer geworden ist, leichter fallen werde. Nun aber sehe ich, daß umgekehrt

der Geist, vom Müßiggang verwirrt,
zum ruhelosen Irrlicht wird;

wie ein durchgegangnes Pferd macht er sich selber

heute hundertmal mehr zu schaffen als zuvor, da er für andre tätig war; und er gebiert mir soviel Schimären und phantastische Ungeheuer, immer neue, ohne Sinn und Verstand, daß ich, um ihre Abwegigkeit und Rätselhaftigkeit mir mit Gelassenheit betrachten zu können, Buch zu führn begonnen habe. So hoffe ich, ihn mit der Zeit dahin zu bringen, daß er selbst sich ihrer schämt.« (I, 8, 50 f.)

Montaigne erzählt uns hier, wie er nach seiner Abdankung als Parlamentsrat in Bordeaux mit 38 Jahren die *Essais* zu schreiben begann. Wonach er sich sehnte, war die schöpferische Muße nach antikem Vorbild, das *otium studiosum*, um zu sich zu finden, sich selbst kennenzulernen. Wie Cicero denkt Montaigne, dass der Mensch nicht in der Öffentlichkeit, in der Welt und im Arbeitsleben, sondern nur in der Einsamkeit, der Besinnung und Lektüre bei sich selbst ist. Montaigne, der das kontemplative über das tätige Leben stellt, gehört noch nicht zur Moderne, in der die Ansicht vorherrscht, dass der Mensch sich in seinen Tätigkeiten verwirklicht, im *negotium* – was die Negation von *otium*, Muße, ist. Diese moderne Arbeitsethik war an den Aufstieg des Protestantismus geknüpft, womit das *otium*, der Müßiggang, seinen obersten Wert verlor und zum Synonym für Faulheit wurde.

Was nun sagt Montaigne dazu? Dass er in der Einsamkeit weder seinen Fixpunkt noch Gelassenheit gefunden, sondern Angst und Unruhe erfahren hat. Das geistige Leiden, das er beschreibt, ist die Melancholie, oder die Acedia, die Schwermut, die die Mönche zur Mittagsstunde, der Stunde der Versuchung, befällt.

Das Alter, dachte Montaigne, würde ihm Gelassenheit bringen, aber nein, sein Geist ist ruhelos, statt sich zu konzentrieren, benimmt er sich, dem schönen Bild entsprechend, wie ein »durchgegangnes Pferd«, stürmt in alle Richtungen und verzettelt sich noch mehr als zur Zeit, da ihn sein Richteramt ausgelaugt hat. Anstelle des erhofften Friedens wird seine Einbildungskraft von »Schimären und phantastischen Ungeheuern« in Beschlag genommen, er wird von Alpträumen und Qualen heimgesucht gleich jenen, die auf dem Bild von Hieronymus Bosch, *Die Versuchungen des Heiligen Antonius,* dargestellt sind.

Darum, sagt er, hat er sich an die Niederschrift der *Essais* gemacht. Ziel seines Rückzugs war ursprünglich nicht das Schreiben, sondern die Lektüre, das Nachdenken, die Kontemplation. Er hat zum Schreiben wie zu einem Heilmittel gegriffen, um die Angst zu überwinden, die Dämonen im Zaum zu halten. Montaigne hat beschlossen, die Gedanken, die ihm durch den Kopf gehen, aufzuzeichnen, »über sie Buch zu führn«, wie er sagt. Es ist eine Art Protokoll, das er schreibt, ein Verzeichnis der Auf- und Abtritte. Montaigne hat beschlossen, seine Gedanken,

seine Delirien festzuhalten, um Ordnung hinein-
zubringen, um die Kontrolle über sich selbst zurück-
zugewinnen.

Mit anderen Worten, Montaigne hat, als er die
Weisheit in der Einsamkeit suchte, den Wahnsinn
gestreift. Um sich wieder von seinen Phantasmen
und Halluzinationen zu befreien, sich zu heilen, hat
er sie aufgeschrieben. Die Niederschrift der *Essais* hat
ihm die Kontrolle über sich selbst zurückgegeben.

Die Redlichkeit

Als Montaigne 1580 die ersten beiden Bände der *Essais* veröffentlichte, schickte er ihnen dem Brauch gemäß eine kurze Anrede »An den Leser« voraus:

»Dieses Buch, Leser, gibt redlich Rechenschaft. Sei gleich am Anfang gewarnt, daß ich mir damit kein anderes Ziel als ein rein häusliches und privates gesetzt habe. Auf deinen Nutzen war mein Sinn hierbei ebensowenig gerichtet wie auf meinen Ruhm – für beides reichen meine Kräfte nicht aus.« (I, 5)

Vermutlich hat er sich mit diesem Vorwort einfach an die Konvention gehalten. Denn es kommt gerne in Form einer Bescheidenheitserklärung daher, in der der Autor sich seinen Lesern von der besten Seite zeigt. Montaigne spielt aber auch mit der Tradition, untergräbt sie, indem er auf die große Originalität seines Unternehmens verweist.

Gleich zu Beginn seines Buches hebt er die menschliche Qualität hervor, die er in den *Essais* immer wieder als die wesentliche bezeichnet, die *Redlichkeit*. Sie ist die einzige Tugend, die er für sich in Anspruch nimmt; in seinen Augen ist sie entscheidend, die unentbehrliche Grundlage sämtlicher menschlicher Beziehungen. Montaigne hat dabei das lateinische *fides* im Auge, das nicht nur Glaube, sondern auch Treue bedeutet, somit also für die Achtung des Glaubens steht, die jedem Vertrauen zugrunde liegt. Glaube, Treue, Vertrauen und auch Verschwiegenheit meinen ein und dasselbe: die Verpflichtung gegenüber demjenigen, dem ich mein Wort gebe, die Verpflichtung, es zu halten.

Dieser »gute Glaube«, *bona fides*, den Montaigne in Aussicht stellt, zeichnet sich durch das Fehlen von Bosheit und List, von Maske, Täuschung und Betrug aus, kurz, er ist die Aufrichtigkeit, die Loyalität, die Zusicherung, dass Sein und Schein übereinstimmen. Dem redlichen Mann, dem redlichen Buch können Sie ruhig vertrauen, Sie werden nicht enttäuscht werden.

Montaigne will zu seinem Leser ein Verhältnis des Vertrauens aufbauen, wie er es in seinem Leben, seinem Wirken stets getan hat. Und die Grundlage einer Vertrauensbeziehung ist das Fehlen von Eigennutz, die Interesselosigkeit. Mit seinem Buch, das nur für den Kreis seiner Nächsten bestimmt ist, will Montaigne weder seine Leser bilden, noch sein eigenes Denkmal errichten: »Es ist vielmehr meinen Angehörigen und Freunden zum persönlichen Gebrauch gewidmet« (I, 5), sagt er, damit sie sich nach seinem Tod an ihn erinnern und ihn in seinem Buch wiederfinden. Aus diesem Grund stellt er sich darin ganz unbeschönigt dar:

»Wäre es mein Anliegen gewesen, um die Gunst der Welt zu buhlen, hätte ich mich besser herausgeputzt und käme mit einstudierten Schritten daherstolziert. Ich will jedoch, daß man mich hier in meiner einfachen, natürlichen und alltäglichen Daseinsweise sehe, ohne Beschönigung und Künstelei, denn ich stelle mich als den dar, der ich bin.« (I, 5)

Hätte es die Schicklichkeit erlaubt, so hätte er sich »am liebsten rundum unverhüllt abgebildet [...], rundum nackt« (I, 6), wie die Indianer Brasiliens.

Das Buch erscheint wie ein Selbstporträt, auch wenn dies nicht Montaignes ursprüngliches Vorhaben gewesen ist, als er sich auf seine Ländereien zurückzog. In den älteren Kapiteln beschreibt er sich noch nicht. Erst nach und nach wurde das Selbststudium für ihn zu einer Bedingung der Weisheit, und noch später wurde die Selbstbeschreibung zu einer Bedingung der Selbsterkenntnis. Die Anweisung von Sokrates »Erkenne dich selbst« nimmt er als Aufforderung zum Selbstporträt.

Doch wenn das Buch eine geistige Übung, eine Art Gewissenserforschung war, wenn es weder den Ruhm des Autors noch die Unterweisung des Lesers beabsichtigte, warum musste es dann veröffentlicht, dem Leser zugänglich gemacht werden? Montaigne gesteht es freimütig ein: »Ich selber, Leser, bin also der Inhalt meines Buchs: Es gibt keinen vernünftigen Grund, daß du deine Muße auf einen so unbedeutenden, so nichtigen Gegenstand verwendest.« (I, 6) Er gibt vor, den Leser abwimmeln zu wollen, wodurch er ihn geradezu provoziert: Weg hier, vergeude nicht deine Zeit mit meinem Buch. Montaigne weiß sehr genau, dass es keine bessere Methode gibt, den Leser zu ködern.

Der Sattel

Man muss sich Montaigne zu Pferd vorstellen. Zunächst, weil er sich nicht nur auf seinem Anwesen auf diese Weise fortbewegte, sondern den Weg nach Bordeaux oder anderen Orten Frankreichs wie Paris, Rouen oder Blois reitend zurücklegte, selbst auf seiner großen Reise von 1580 ritt er quer durch die Schweiz, durch Deutschland bis nach Rom. Dann aber auch, weil er sich nirgendwo besser fühlte als auf dem Pferd, da er hier sein Gleichgewicht fand, seine Haltung:

»Das Reisen scheint mir […] eine ersprießliche Betätigung. Der Geist übt sich dabei ständig in der Beobachtung neuer, ihm unbekannter Dinge. Ich wüßte (wie ich schon oft gesagt habe) keine bessere Schule, uns im Leben weiterzubilden, als ihm unausgesetzt die Mannigfaltigkeit so vieler andrer Daseinsweisen, Anschauungen und Gebräuche vorzuführn und ihn an diesem ewigen Wandel der Erscheinungsformen unsrer Natur Geschmack finden zu lassen. Gleichzeitig ist der Körper weder untätig noch überanstrengt, vielmehr macht solch maßvolles Bewegt-sein ihn frisch und munter. So steinkrank ich bin, halte ich mich acht bis zehn Stunden ununterbro-chen im Sattel, ohne daß es mir zuviel würde« (III, 9, 297).

Das Reisen erlaubt ihm, die Vielfalt der Erde ken-nenzulernen, und eine bessere Bildung kann sich Montaigne nicht vorstellen; es führt ihm den Reich-tum der Natur vor Augen, beweist die Relativität von Gepflogenheiten und Überzeugungen, rüttelt an Ge-wissheiten; kurz, das Reisen lehrt den Skeptizismus, der sein Grundprinzip ist.

Darüber hinaus bereitet das Reiten Montaigne ein besonderes körperliches Vergnügen, in dem Bewe-gung und Ruhe vereint sind, der Körper ins Gleich-gewicht gebracht und in einen Rhythmus versetzt wird, der dem Nachdenken förderlich ist. Auf dem Pferd ist er der Arbeit enthoben, ohne dem Müßig-gang überantwortet zu sein; es ist die Voraussetzung zum Träumen. Das Reiten ermöglicht ihm ein »maß-volles Bewegtsein«; eine schöne Wortverbindung, die eine Art idealen Zwischenzustand bezeichnet. Aris-toteles dachte im Gehen und lehrte im Wandeln; Montaigne findet seine Ideen, während er auf dem Rücken eines Pferdes schaukelt. Er vergisst darüber sogar seine Nieren- und Blasensteine.

Wie es seine Gewohnheit ist, räumt er jedoch ein, dass seine Freude am Reisen, vor allem am Rei-

sen mit dem Pferd, auch als ein Zeichen der Unentschlossenheit und Ohnmacht interpretiert werden
kann:

»Daß meine Reiselust genaugenommen von Unrast
und Unbeständigkeit zeugt, weiß ich – aber dies sind
doch allgemein unsre vorherrschenden Eigenschaften. Ja, ich bekenne es: Selbst im Traum oder als
Wunschbild sehe ich nichts, was ich festhalten wollte.
Allein Abwechslung und Genuß der Vielfalt finde
ich (falls überhaupt etwas) lohnend. Auf einer Reise
erquickt mich ebendies, daß ich jederzeit ohne Nach-
teil haltmachen, mich woandershin wenden oder ge-
mächlich wieder heimkehrn kann.« (III, 9, 321)

Liebt man das Reisen allzu sehr, verliert man die
Fähigkeit, anzukommen, sich zu entscheiden, sich
festzulegen; es fehlt einem an Bestimmtheit, man
zieht die Unbeständigkeit der Beständigkeit vor. So
gesehen ist das Reisen für Montaigne eine Metapher
für das Leben. Er lebt, wie er reist – ohne Ziel, offen
für die Verlockungen des Lebens: »Denen, die einem
Hasen oder einer Pfründe hinterherlaufen, geht es
gar nicht ums Laufen. […] [Mein Reiseplan] gründet
auf keinen großen Erwartungen, jede Tagesetappe ist
mir Ziel genug (und mit meiner Lebensreise halte ich
es genauso).« (III, 9, 303 f.)

Daher möchte er auch, hätte er seine Todesart wählen können, »lieber als im Bett zu Pferde sterben« (III,
9, 304). Montaigne träumte davon, auf dem Pferd,

unterwegs, weit weg von zu Hause und den Seinen zu sterben. Das Leben und der Tod zu Pferd bilden seine Philosophie perfekt ab.

Die Bibliothek

Montaignes Turm ist eines der ergreifendsten Schriftstellerhäuser, die es in Frankreich – genauer in Saint-Michel-de-Montaigne in der Dordogne, unweit von Bergerac – zu besichtigen gibt. Dieser große runde Turm aus dem 16. Jahrhundert ist das Einzige, was von dem Schloss erhalten geblieben, das sein Vater Pierre de Montaigne erbauen ließ und das Ende des 19. Jahrhunderts niederbrannte. Montaigne verbrachte darin so viel Zeit, wie er konnte, hierher flüchtete er sich, um zu lesen, nachzudenken und zu schreiben; die Bibliothek war sein Rückzugsort vom häuslichen und zivilen Leben, vom Treiben der Welt und von den Gewalttätigkeiten des Jahrhunderts.

»Wenn ich zu Hause bin, widme ich mich den Büchern etwas häufiger. Von meiner Bibliothek aus überschaue ich mein ganzes Hauswesen mit einem Blick. Sie liegt über dem Eingangstor, und ich sehe unter mir meinen Garten, meine Stallungen, meinen Innenhof und die meisten Teile meines Anwesens. Da oben blättre ich einmal in diesem, einmal in jenem

Buch, ohne Ordnung, ohne Plan: wie es sich eben ergibt. Bald hänge ich im Hin- und Hergehen meinen Tagträumen nach, bald halte ich meine Hirngespinste fest und schreibe sie auf, wie sie hier nun stehn.

Die Bibliothek liegt im zweiten Stockwerk eines Turms. Das Erdgeschoß wird von meiner Kapelle eingenommen, das erste Stockwerk besteht aus einem Schlafgemach mit Nebenraum, wo ich mich oft hinlege, um allein zu sein; und darüber nun befindet sich die Bibliothek, die früher als große Kleider- und Wäschekammer diente und der unnützeste Raum meines Hauses war. Hier verbringe ich die meisten Tage meines Lebens und die meisten Stunden der Tage. Nachts aber halte ich mich dort nie auf.« (III, 3, 72)

Von diesem Eckturm aus überblickte Montaigne sein Anwesen, verfolgte aus der Höhe, was unten vor sich ging, vor allem aber versteckte er sich hier, um sich selbst zu finden, um im »Schoß« seiner Bücher sein »eigner Herr« zu sein, wie er sagt. Die Bibliothek ist bekannt für die zahlreichen griechischen und lateinischen Sprüche, die Montaigne nach seinem Rückzug ins Private 1571 auf die Deckenbalken schreiben ließ. Sie zeugen vom großen Umfang seiner – sowohl religiösen als auch weltlichen – Lektüre und von seiner nüchternen Philosophie. Auf einem der Balken findet sich ein Zitat des Predigers Salomo, in dem dieser die Lehre der Bibel mit der Weisheit der griechischen Philosophie verknüpft und damit Montaignes Weltanschauung auf den Punkt bringt: *Per omnia vanitas*, alles ist eitel.

Bemerkenswert ist auch, dass Montaigne seine Beschäftigungen darstellt, als wären sie völlig unbedeutend: Er liest nicht, er blättert in einem Buch; er schreibt nicht, er hält seine Hirngespinste fest; und all dies ohne Plan, ohne Ordnung in den Gedanken. Man hört heute oft, das lineare, kontinuierliche, fortlaufende Lesen – wie wir es gelernt haben – würde aus der digitalen Welt verschwinden. Und da plädiert Montaigne bereits – oder noch – für ein sprunghaftes, bewegliches, zerstreutes Lesen, das Launen und Einfällen folgt, ohne Methode von einem Buch zum nächsten springt, sich frei aus ihnen bedient, um damit sein eigenes Buch zu schmücken, ohne sich um die Werke zu sorgen, aus denen man abschreibt. Wobei das eigene Schreiben ohnehin, wie Montaigne an dieser Stelle betont, das Ergebnis von Träumerei und nicht von Planung ist.

Die Augenblicke der schöpferischen Muße, die Montaigne in seiner Bibliothek erlebt, sind für ihn mit einem starken Glücksgefühl verbunden. Nur eine Sache hätte sein Wohlbefinden noch vervollkommnen können: eine Terrasse, die es ihm erlaubt hätte, im Gehen zu denken; doch schreckt er vor den Kosten zurück.

»Ich könnte, wenn ich die mit einem Umbau verbundnen Plackereien nicht noch mehr als die Ausgaben fürchtete (und Plackereien lassen mich vor welcher Unternehmung auch immer zurückschrecken), leicht auf jeder Seite und gleicher Höhe eine Galerie anbringen lassen, hundert Schritt lang und zwölf breit, da ich festgestellt habe, daß die dafür erforderlichen Mauern zu andern Zwecken samt und sonders bereits so weit hochgezogen sind, wie ich es benötigte.

Jeder Ort der Zurückgezogenheit braucht einen Wandelgang. Meine Gedanken schlafen ein, wenn ich sitze; mein Geist rührt sich nicht, wenn meine Beine ihn nicht bewegen – wie es allen ergeht, die ohne Buch studiern.« (III, 3, 72 f.)

Da ist er wieder, der Gedanke, dass man nur in der Bewegung richtig denken kann.

An die Leserinnen

Montaigne hat die *Essais* auf Französisch verfasst. Eine solche Entscheidung war in den 1570er Jahren keineswegs selbstverständlich. Der Schriftsteller äußert sich 1588, nachdem die erste Auflage bereits erschienen ist, im Kapitel »Über die Eitelkeit« zu diesem Entschluss:

»Ich schreibe mein Buch für wenige Menschen und für wenige Jahre. Wäre sein Stoff dauerhaft, hätte ich ihn einer dauerhafteren Sprache als dem Französischen anvertraun müssen. Wer kann in Anbetracht von dessen ständigen Veränderungen, denen es bis zur Stunde unterliegt, die Hoffnung hegen, daß seine gegenwärtige Form in fünfzig Jahren noch in Gebrauch sein werde? Es entgleitet Tag für Tag weiter unsren Händen, im Laufe meines Lebens hat es sich bereits zur Hälfte gewandelt. Wir sagen, jetzt sei es vollendet. Dasselbe sagt aber jedes Jahrhundert von seiner Sprache.« (III, 9, 312)

Montaigne entschied sich gegen Latein, die Sprache der Wissenschaft, Philosophie und Theologie, und zugunsten der sogenannten Vulgär- oder Alltagssprache. Doch indem er auf die Monumentalsprache der Alten verzichtet, vermittelt er seine Gedanken in einer unbeständigen, wechselhaften, vergänglichen Sprache, obwohl er damit rechnen muss, schon in kurzer Zeit unlesbar zu werden.

Um falsche Bescheidenheit scheint es sich nicht zu handeln, wenn er sagt: Ich erhebe keinerlei Anspruch; ich schreibe nicht für die kommenden Jahrhunderte, sondern für meine Nächsten. Es ist keine rhetorische Entschuldigung, denn Montaigne hat mitangesehen, wie sich seine Sprache im Laufe seines Lebens veränderte, er hat ihre Wandelhaftigkeit am eigenen Leib erfahren. Er rechnet damit, dass die Ausdrücke, die er verwendet, bald unverständlich sein werden. Stendhal, der 1830 darauf wettete, dass er 1880 oder 1930, also nach einem halben oder gar einem ganzen Jahrhundert, noch immer gelesen würde, stützte seine Hoffnung, überliefert zu werden, auf die Dauerhaftigkeit des Französischen. Nicht so Montaigne, der es ernst meint, wenn er es angesichts der Evolution des Französischen während seines Lebens für unwahrscheinlich hält, sehr lange gelesen zu werden. In diesem Punkt hat er sich glücklicherweise geirrt.

Nun wäre es umso naheliegender gewesen, sich für Latein zu entscheiden, als er es von früher Kindheit an sozusagen als Muttersprache gelernt hat. Denn sein Vater wollte, dass er diese Sprache perfekt beherrschte:

»[…] mein Vater [… vertraute] mich schon im Säuglingsalter, und bevor sich meine Zunge zu lösen begann, einem Deutschen an […], der später als berühmter Arzt in Frankreich starb; er war unserer Sprache völlig unkundig, aber höchst bewandert in Latein. […] Auch für die übrigen Mitglieder unsres Haushalts galt die unverbrüchliche Regel, daß sowohl mein Vater selbst wie meine Mutter, sowohl Diener wie Kammerzofe in meiner Gegenwart ausschließlich die paar Brocken Latein verwenden durften, die sie alle hatten lernen müssen, um mit mir plappern zu können.« (I, 26, 270 f.)

Montaigne, der Latein vor dem Französischen gesprochen hat, schreibt auf Französisch, weil dies die Sprache seiner Wunschleserschaft ist. Die Sprache, in der er schreibt, ist die des Lesers, für den er schreibt.

Im Kapitel »Über einige Verse des Vergil«, in dem er ein heikles Thema aufgreift, seine nachlassende Sexualität, kommt er auch auf seine Leser zu sprechen, oder genauer auf seine Leserinnen, die ihn heimlich lesen werden:

»Es verdrießt mich, daß meine *Essais* den Damen gewöhnlich nur als Einrichtungsgegenstand dienen, den sie sich in den großen Salon stellen. Dieses Kapitel hier dürfte mir freilich in ihre Privatgemächer Eintritt verschaffen: Ich liebe den etwas intimeren

Umgang mit ihnen – die öffentlichen Beziehungen bieten weder Wonne noch Würze.« (III, 5, 102)

Montaigne hat sich also auch für das Französische entschieden, weil zu seiner Wunschleserschaft Frauen gehören, die mit den alten Sprachen weniger vertraut waren als Männer.

Sie werden einwenden, dass er sein Buch fröhlich mit Zitaten lateinischer Dichter spickte, besonders das Kapitel »Über einige Verse des Vergil«, das sein intimstes ist. Sie haben recht, und dies ist nicht der einzige Widerspruch.

Krieg und Frieden

Zahlreiche Passagen in den *Essais* geben uns eine Vorstellung davon, wie der Alltag während des Bürgerkriegs ausgesehen hat, dem schlimmsten aller Kriege, bei dem man nie sicher sein kann, ob man am nächsten Tag immer noch als freier Mensch aufwacht, und bei dem der Zufall darüber entscheidet, ob man überlebt. So auch das Kapitel »Über die Eitelkeit«:

»Tausendmal habe ich mich zu Hause mit dem Gedanken schlafen gelegt, man könnte mich in dieser Nacht verraten und ermorden, und vom Schicksal erbat ich mir nur, dies möge ohne Entsetzlichkeiten und lange Qualen vor sich gehen. Nach dem Vaterunser pflegte ich auszurufen:

Fallen diese wohlbestellten Flur'n am Ende
Einem Landsknecht, wild und ruchlos, in die
Hände?« (III, 9, 292 f.)

Montaigne legt sein Leben vor dem Einschlafen gleichzeitig der heidnischen Gottheit Fortuna, in der zitierten Passage mit dem Schicksal umschrieben, und dem christlichen Gottvater in die Hände, ohne zu vergessen, Vergil zu zitieren, um die beiden miteinander zu versöhnen. Er weiß, dass er keinen Einfluss auf seine Zukunft hat, dass es nicht in seiner Macht steht, ob sein Haus verschont bleibt. Aber, stellt er fest, man gewöhnt sich an den Krieg genauso wie an alles andere:

»Was tun? Es ist meine Geburtsstätte und die der meisten meiner Vorfahrn. Ihre ganze Liebe haben sie ihr gegeben und ihren Namen angenommen. Aber jede Gewöhnung härtet uns ab; und in einer Misere wie der unsren ist sie ein gütiges Geschenk der Natur, da sie das Empfindungsvermögen einschläfert und uns viele Übel folglich leichter ertragen läßt.

Was Bürgerkriege bedrohlicher macht als andre Kriege, ist, daß jeder von uns im eigenen Haus Wache stehn muß. [...]

Wie weit ist es doch mit uns gekommen, wenn man bis in seine häusliche Ruhe hinein bedrängt wird, bis unters eigne Dach! Die Gegend, in der ich wohne, dient unsern Bürgerkriegen stets als erstes und letztes Schlachtfeld, nie zeigt sich der Friede bei uns in seiner reinen Gestalt.« (III, 9, 293)

Montaigne kommt oft auf dieses Gefühl der Unsicherheit zurück, das er selbst bei sich zu Hause, im dürftigen Schutz seines Anwesens empfindet, sowie auf den Umstand, dass wir uns daran gewöhnen, mit diesem Gefühl der Ungewissheit zu leben. Immer wieder ist in den *Essais* vom Stumpfsinn des Krieges, vom Kriegsalltag die Rede, weniger von den Kämpfen als von dem ganzen Rest, von den Vorkehrungen, die man täglich trifft, um zu überleben, wie es beispielsweise die Bauern tun, die sich angesichts der Katastrophe des Krieges und der Verheerungen durch die Pest so weise verhalten.

Zahlreiche frühe kurze Kapitel der *Essais* präsentieren sich als eine Art Kunst des Krieges – »Über die Frage, ob der Kommandant einer belagerten Festung zu Kapitulationsverhandlungen herauskommen soll« (I, 5), »Die Stunde der Unterhandlungen ist gefährlich« (I, 6) –, aber je weiter man im Buch vorankommt, desto mehr findet man Ansätze zu einer Ethik des Kriegsalltags: Wie verhält man sich gegenüber Freund und Feind? Wie bewahrt man unter solch feindseligen Umständen seine Ehrlichkeit? Wie bleibt man sich selbst treu, wenn ringsum alles drunter und drüber geht? Wie erhält man seine Bewegungsfreiheit? In den gesamten *Essais* sind verstreut Ratschläge zu finden, deren Ziel sich mit diesem schönen Satz zusammenfassen lässt: »In den jetzigen Bürgerkriegen verwende ich mein ganzes bißchen Klugheit allein hierauf: daß sie meiner Freiheit, zu kommen und zu gehn, keinen Abbruch tun.« (III, 13, 451) So steht es im letzten Kapitel der *Essais*, »Über die Erfahrung«, das ein Resümee aus den Lektionen zieht. Wie bewahrt man in Kriegszeiten seine

Freiheit, denn ein höheres Gut als die Freiheit gibt es für Montaigne nicht?

Die *Essais* legen also weniger eine Kunst des Krieges oder des Friedens als eine Kunst des Friedens zu Zeiten des Krieges vor, des friedlichen Lebens während des schlimmsten aller Kriege.

Der Freund

Das große Ereignis in Montaignes Leben war die Begegnung mit Étienne de La Boétie im Jahr 1558 und die daran anschließende Freundschaft, die bis zu La Boéties Tod 1563 hielt. Ein paar Jahre des »innigen Bundes«, auf den ein Verlust folgt, den Montaigne nie verwunden hat. In einem langen, bewegenden Brief an seinen Vater erzählt er vom schweren Todeskampf seines Freundes.

Das erste Buch der *Essais* war ursprünglich als ein Denkmal für den toten Freund geplant, dessen *Abhandlung über die freiwillige Knechtschaft* sich in dessen Mitte, an »der schönsten Stelle«, befinden sollte, während Montaignes eigene Überlegungen nur als »Grotesken«, als dekoratives Beiwerk, gedacht waren, um das Meisterwerk besser zur Geltung zu bringen (vgl. I, 28, 285). Er musste den Plan aber schließlich fallenlassen, weil La Boéties Traktat – ein Plädoyer für die Freiheit gegenüber Tyrannen – bereits in Form eines protestantischen Pamphlets veröffentlicht worden war. Also ersetzte Montaigne es durch eine Lobrede auf die Freundschaft, die in der langen Tradition von Aristoteles, Cicero und Plutarch verortet wird.

»Bei dem, was wir gewöhnlich *Freunde* und *Freundschaft* nennen, handelt es sich allenfalls um nähere Bekanntschaften, die bei gewissen Anlässen oder um irgendeines Vorteils willen geknüpft wurden und uns nur insoweit verbinden. Bei der Freundschaft hingegen, von der ich spreche, verschmelzen zwei Seelen und gehen derart ineinander auf, daß sie sogar die Naht nicht mehr finden, die sie einte. Wenn man in mich dringt zu sagen, warum ich Étienne de la Boétie liebte, fühle ich, daß nur *eine* Antwort dies ausdrücken kann: ›Weil er er war, weil ich ich war.‹« (I, 28, 293)

Montaigne unterscheidet die gemäßigte, beständige Freundschaft von der hitzigen, wankelmütigen Liebe zu den Frauen; er grenzt sie ebenfalls von der Heirat ab, die für ihn einem Handel gleichkommt, bei dem Freiheit und Gleichheit leiden. Wir finden dieses Misstrauen gegenüber Frauen später noch einmal im Kapitel »Über dreierlei Umgang«, wo er Freundschaft und Liebe mit der Lektüre vergleicht. Freundschaft ist für ihn die einzige wirklich freie Beziehung zwischen zwei Individuen und daher unter Tyrannei nicht vorstellbar. Die Freundschaft, vielleicht nicht die gewöhnliche, aber doch die ideale, ist ein erhabenes Gefühl, das zwei große Seelen so stark miteinander verbindet, dass sie nicht mehr voneinander unterscheidbar sind.

Seine Freundschaft mit La Boétie bleibt für Montaigne ein unerklärliches Geheimnis: »Weil er er war, weil ich ich war.« Es hat lange gebraucht, bis er diese denkwürdige Formel fand. In den Ausgaben der *Essais* von 1580 und 1588 fehlte sie noch, dort ließ er es bei der Feststellung des Rätsels bewenden. Er hatte zunächst an den Rand seiner eigenen Ausgabe geschrieben »weil er es war« und später mit anderer Tinte hinzugefügt »weil ich es war«, um diese bedingungslose Freundschaft zu erklären:

»Was immer ich über die Freundschaft im allgemeinen und über die unsere insbesondre sagen mag: Hier war es eine auf mir unerklärliche Weise eingreifende Schicksalsmacht, die diesen Bund gestiftet hat. Wir suchten uns, noch ehe wir uns gesehn hatten, aufmerksam gemacht durch Berichte, die jeder über den andern vernahm und die in uns sofort eine stärkere Zuneigung auslösten, als man von dergleichen Hörensagen hätte erwarten können – ich glaube gar, durch eine Fügung des Himmels. Wir umarmten uns schon in unsren Namen. Bei der ersten Begegnung, die zufällig auf einer großen städtischen Feier und Geselligkeit erfolgte, fühlten wir uns so zueinander hingezogen, ja so miteinander bekannt und verbunden, daß wir von Stund an ein Herz und eine Seele waren.« (I, 28, 293)

Montaigne und La Boétie wussten also schon, dass sie füreinander bestimmt waren, bevor sie sich kannten. Mag sein, dass Montaigne ihre Freundschaft ein wenig idealisiert. Sehr viel später jedoch bekannte er, ganz offensichtlich auf La Boétie bezogen, dass die *Essais* nicht entstanden wären, wenn er nicht einen Freund verloren hätte, mit dem er sich Briefe hätte schreiben können (vgl. I, 40, 386). Wir verdanken die *Essais* La Boétie, seinem Dasein wie seinem Fehlen.

Der Römer

Montaigne ist ein Mann der Renaissance. Er ist vertraut mit den Schriften von Erasmus, der, inspiriert von einem starken humanistischen Glauben, überzeugt war von der Überlegenheit der Feder über das Schwert und folglich in *Querela Pacis* dafür plädierte, mit Literatur die Waffen zum Schweigen und der Welt den Frieden zu bringen. Nicht so Montaigne, der daran zweifelte, dass die Macht der Literatur, die »Erziehung des christlichen Fürsten« oder das Verhandlungsgeschick eines Vermittlers Frieden erwirken kann. Seine Erfahrungen lassen ihn nicht zu dem Schluss kommen, dass das Schwert, der allgemeinen Auffassung entsprechend, der Feder bzw. der Toga weichen werde – *Cedant arma togae*, wie Cicero in *De officiis* sagt.

Denn Montaigne misstraut den Worten und der Rhetorik. Am Ende des Kapitels »Über die Schulmeisterei« stellt er zwei griechische Orte einander gegenüber: Athen, wo die schönen Reden geehrt werden, und Sparta, wo den Worten die Tat vorgezogen wird. Montaigne entscheidet sich klar für Sparta, da er einer anderen Weisheit folgt, nämlich dass Individuen und Gesellschaften durch die Bildung geschwächt werden:

»[…] daß das übliche Studium der Wissenschaften die inneren Kräfte mehr schwächt als festigt, mehr verweichlicht als stählt. Der Staat der Türken ist auf der Weltbühne zur Zeit der stärkste. Seine Völkerschaften sind dazu erzogen, die Waffen im gleichen Maße hoch- wie das Buchwissen geringzuschätzen. Ich finde, daß Rom, ehe es gelehrt wurde, tapfrer war.« (I, 25, 224)

Ganz ohne Zweifel: Montaigne bringt den Fall Roms mit der Entwicklung von Kunst, Wissenschaft und Literatur in Verbindung, mit dem Voranschreiten seiner Zivilisation.

»Die unwissendsten und ungebildetsten Völker unserer Tage sind zugleich die kriegerischsten. Die Skythen, die Parther und Tamerlan dienen uns als Beweise. Bei der Verwüstung Griechenlands durch die Goten bewahrte einer von ihnen sämtliche Bibliotheken davor, niedergebrannt zu werden, indem er die Meinung verbreitete, daß man sie zur Benutzung unbeschädigt den Feinden überlassen müsse, weil diese dann durch die müßige und sitzende Beschäftigung von der militärischen Ertüchtigung abgehalten würden.« (I, 25, 224 f.)

Montaigne führt jede Menge Beispiele an – Türken, Goten, die Franzosen unter Karl VII. –, um zu zeigen, dass die Macht eines Staates sich reziprok zu seiner Kultur verhält, steigt das eine, sinkt das andere, weshalb einem allzu kultivierten Staat der Niedergang droht. Montaigne ist kein naiver Humanist, der über die Gelehrtenrepublik ins Schwärmen gerät; er bleibt ein Mann der Tat, der die Schwächung der Nationen durch Bildung befürchtet. Er ist letztendlich eher Römer als Humanist und stimmt bisweilen gar ein Loblied auf das archaische Unwissen an:

»Das ältere Rom scheint mir Männer von weitaus höherem Wert sowohl für den Frieden wie für den Krieg hervorgebracht zu haben denn jenes verbildete, das sich selbst zugrunde gerichtet hat.« (II, 12, 239)

Montaigne hat also nicht sehr viel übrig für die Gelehrsamkeit, stattdessen hält er aristokratisch an der Überlegenheit der Waffen und der »Wissenschaft [...] des Gehorchens und Befehlens« (I, 25, 224) fest. Die Kunst des Friedens ist nicht die Rhetorik, sondern die Macht, die viel mehr abschreckt als überzeugt.

Wozu ändern?

Montaigne misstraut dem Neuen. Er bezweifelt, dass es die Welt voranbringt. Man sucht in den *Essais* vergebens nach Vorboten der Fortschrittslehre, die im Jahrhundert der Aufklärung ihre Blütezeit haben wird. Im Kapitel »Über die Eitelkeit« wird jeglicher Reformwille denunziert:

»Nichts setzt einem Staat schlimmer zu als Neuerungen. Schon die Tatsache der Veränderung bereitet den Boden für Unrecht und Tyrannei. Wenn sich ein einzelner Teil lockert, kann man ihn abstützen; man kann sich der Verderbnis und dem Verfall, denen alle Dinge von Natur aus unterliegen, so entgegenstemmen, daß wir nicht zu weit von unsren Anfängen und Grundlagen weggetragen werden. Jene Leute jedoch, die eine so große Masse umzuwälzen und die Fundamente eines so mächtigen Baus durch andre zu ersetzen trachten, putzen mit dem Schmutz das Ganze weg: Einzelne Fehler wollen sie durch einen allgemeinen Umsturz bereinigen und die Krankheiten heilen durch den Tod.« (III, 9, 273)

Natürlich denkt Montaigne bei den Begriffen Veränderung oder Neuerung in erster Linie an die protestantische Reformation und die Bürgerkriege, die sie mit sich brachte; er denkt auch an die Entdeckung von Amerika und das Ungleichgewicht, das sie im Universum bewirkt wie den Verfall, den sie beschleunigt hat. Für ihn liegt das Goldene Zeitalter hinter uns, in den »Anfängen und Grundlagen«, und jede Veränderung ist vergeblich, wenn nicht gar gefährlich. »Besser den Spatz in der Hand als die Taube auf dem Dach«; oder eben, »man muss immer mit dem Schlimmsten rechnen«.

Will man den Zustand der Dinge ändern, läuft man Gefahr, dass man sie verschlimmert statt verbessert. Montaignes Skeptizismus führt ihn zum Konservatismus, zur Verteidigung der Bräuche und Traditionen, die es, obwohl sie beide gleichermaßen willkürlich sind, nicht umzustürzen lohnt, wenn man nicht sicher ist, dass man es besser kann. Warum also sollte man etwas ändern? So hat es Montaigne wenig geschätzt, dass die Abhandlung seines Freundes La Boétie über die »freiwillige Knechtschaft«, die nahelegt, ziviler Ungehorsam würde reichen, um einen Monarchen zu stürzen, in ein antimonarchistisches Pamphlet verkehrt wurde. Wie jeder Melancholiker hebt auch Montaigne »die unerwünschten Nebenwirkungen«, wie man heute sagt, einer Reform hervor.

Natürlich übertreibt er, wenn er erklärt, dass die Veränderung allein die Schuld an Unrecht und Tyrannei in der Welt trägt, doch er zieht eine Sanierung oder Restauration des alten Staates einer radikalen Erneuerung oder Neubildung eindeutig vor. Bei ihm ist keinerlei Verherrlichung des Neuen zu finden, ganz im Gegenteil. Einmal mehr benutzt er die organische Metapher des menschlichen Körpers für den Staat, der Analogie zwischen Mikro- und Makrokosmos entsprechend, um die Gesellschaft zu denken. Nun misstraut Montaigne der Medizin mehr als allem anderen. Daher vergleicht er die Reformatoren mit Ärzten, die unseren Tod herbeiführen unter dem Vorwand, uns zu heilen.

»Die Welt ist unfähig, sich zu kurieren. Es fällt ihr derart schwer, die sie bedrückenden Widrigkeiten zu ertragen, daß sie auf nichts anderes sinnt, als sie abzuschütteln – ohne zu bedenken, um welchen Preis. Aus tausend Beispielen ersehn wir, daß sie sich, wenn überhaupt, auf eigne Kosten kuriert. Die Austreibung des gegenwärtigen Übels bringt keine Gesundung, solang sich nicht der ganze Zustand bessert.« (III, 9, 273 f.)

Die Krankheiten gehören zu unserem natürlichen Zustand. Man muss lernen, mit ihnen zu leben, ohne vorzugeben, sie heilen zu können. Montaigne ist nicht gut auf die Agitatoren zu sprechen, auf all diese Zauberlehrlinge, die dem Volk eine bessere

Zukunft versprechen. Indem er die Reformation und die katholische Liga Frankreichs gleichermaßen verurteilt, stellt Montaigne, der kein Dogmatiker, sondern ein Jurist und Politiker ist, die Stabilität des Staates und den Rechtsstaat über jeden Doktrinenstreit. Das macht ihn zu einem Legitimisten, zu einem Feind des Fortschritts gar. Die Humanisten sind noch keine Aufklärer, und Montaigne ist noch kein Vertreter der Moderne.

Der andere

Der Dialog mit den anderen, eine Art Spiegelspiel, ist einer der originellsten Aspekte der *Essais*. Wenn Montaigne sich selbst in den Büchern anderer betrachtet, sie kommentiert, dann nicht, um sich in den Vordergrund zu schieben, sondern weil er sich in ihnen wiedererkennt. Wie er im Kapitel »Über die Knabenerziehung« feststellt: »Was die anderen sagen, führe ich nur an, um desto mehr über mich zu sagen.« (III, 26, 230)

Montaigne ruft damit in Erinnerung, dass erst die anderen ihn auf einem Umweg zu sich selbst führen. Er liest und zitiert sie, weil sie ihm erlauben, sich selbst besser kennenzulernen. Und die Rückkehr zu sich selbst führt wiederum mit einem Umweg zum anderen, die Kenntnis seiner selbst geht dem Zugang zum anderen voraus. Indem er sich dank der anderen selbst kennenlernt, sagt er, lernt er auch die anderen besser kennen; ja, er versteht sie gar besser, als sie sich selbst verstehen:

»Diese Aufmerksamkeit, die ich seit langem auf

meine Selbstbetrachtung verwende, übt mich zugleich darin ein, auch andre angemessen zu beurteiln, ja, es gibt wenig, worüber ich kompetenter und treffender spräche. Oft begegnet es mir, daß ich die Wesenszüge meiner Freunde genauer sehe und zu unterscheiden vermag als sie selbst« (III, 13, 457).

Der Umgang mit anderen erlaubt es, sich selbst zu begegnen, und die Selbsterkenntnis führt wieder zu den anderen zurück. Lange vor den Philosophen der Moderne hat Montaigne die Dialektik zwischen Selbst und Anderen entdeckt: Man muss »das Selbst als einen Anderen« sehen, wird Paul Ricœur sagen, um ein moralisches Leben zu führen. Montaignes Rückzug ins Private war nie eine Verweigerung der anderen gewesen, sondern ein Mittel, um besser zu ihnen zurückkehren zu können. Sein Leben war nicht in zwei Phasen, eine erste aktive und eine zweite untätige, gespalten gewesen, sondern es gab Unterbrechungen, Momente des Rückzugs und der Besinnung, auf die stets eine bewusste Rückkehr ins zivile Leben und zum öffentlichen Engagement folgte.

Wir tendieren jedenfalls dazu, den wunderbaren Satz aus dem letzten Kapitel der *Essais* so zu verstehen: »Das Wort gehört halb dem, der spricht, und halb dem, der angesprochen ist.« (III, 13, 477) Der gegenseitigen Ergänzung von Ich und Anderem zufolge, die Montaigne gerne lobend hervorhebt, wird das Wort, unter der Bedingung, dass es aufrichtig gemeint ist, zwischen den beiden Gesprächspartnern geteilt, und der andere spricht durch mich.

Wir sollten jedoch bei der Interpretation dieses schönen Gedankens vorsichtig sein und uns vor seiner Idealisierung hüten. Denn das, was folgt, könnte diesem Spiel mit den Worten in der Tat einen etwas weniger freundschaftlichen, weniger kooperativen, dafür umso aggressiveren, kämpferischen Sinn geben: »Dieser muß bereit sein, es in der Bewegung aufzufangen, mit der es auf ihn zukommt, so wie beim Paume-Spiel der Auffangende durch Vor- und Zurückspringen sein Verhalten ganz nach den Bewegungen des Schlägers und der Art des jeweiligen Schlages richtet.« (III, 13, 477)

Montaigne vergleicht hier das Gespräch mit dem Paume-Spiel, mit einem Gefecht, einer Konfrontation, bei der einer gewinnt und einer verliert, sich also Gegner, Rivalen gegenüberstehen. Täuschen wir uns nicht. Es geht nicht darum, aufeinander zuzugehen, sondern darum, dass der andere sich nach einem richtet. Im Kapitel »Über die Gesprächs- und Diskussionskunst« gesteht Montaigne ein, dass es ihm schwerfällt, dem anderen recht zu geben. Doch damit der Austausch so schön wird wie im Paume-Spiel, muss jeder seinen Teil dazu beitragen.

Und so schwankt Montaigne zwischen der Auffassung des Gesprächs als Austausch oder als Duell. Aber es ist das Vertrauen, das sich durchsetzt, wie zum Beispiel in dieser edlen Maxime aus dem Kapitel »Über das Nützliche und das Rechte«: »denn offenes Reden gebiert offenes Reden und löst dem Gegenüber die Zunge – wie der Wein und die Liebe.« (III, 1, 16)

Zugaben

Die *Essais* haben von einer Ausgabe zur nächsten jedes Mal an Umfang zugelegt. Montaigne hat bis zu seinem Tod nicht aufgehört, beim Wiederlesen seines Buches Zitate und Erläuterungen an den Rand zu schreiben. Er kommentiert diese Praxis im Kapitel »Über die Eitelkeit«, und zwar in einer ebensolchen späteren Anmerkung des dritten Buches:

»Mein Buch ist immer ein und dasselbe – außer daß ich mir erlaube, jedesmal, wenn die Drucker sich an eine Neuausgabe machen, ein paar zusätzliche Ornamente anzubringen, damit der Käufer nicht ganz mit leeren Händen davongehe (handelt es sich doch nur um eine schlecht gefügte Einlegearbeit). Das sind Zugaben, mit denen ich keineswegs die erste Form verwerfen will, sondern bloß jeder folgenden durch sorgfältige kleine Verfeinerungen einen besondren Pfiff zu geben suche.« (III, 9, 282)

Montaigne blickt voller Ironie auf sein Werk zurück: Er spricht wie ein Krämer von seinen Anmerkungen und von seinem Leser wie von einem Kunden, den er durch Erneuerung seiner Ware, durch Erweiterung des Angebots anzulocken versucht. Montaigne mokiert sich über sich selbst und sein Werk, indem er sich mit einem Handwerker vergleicht: Sein Buch ist eine Einlegearbeit, ein Mosaik aus separaten Teilen, ein Sammelsurium, und nichts hindert ihn daran, es den Gelegenheiten entsprechend unendlich weiter auszubauen.

»Zusätzliche Ornamente«, »sorgfältige kleine Verfeinerungen«: Montaignes Begriffe, mit denen er diese »Zugaben« bezeichnet, sind zweideutig, ein klein wenig gestelzt, konkret und abstrakt zugleich. Sie zeugen von seiner Unsicherheit über den Sinn dieses ständig wachsenden Schriftstücks, etwas, worauf er oft zurückkommt. Er füge zwar hinzu, sagt er an anderer Stelle, doch er korrigiere nicht (vgl. II, 37, 646). Was nicht ganz stimmt, aber den Leser darauf aufmerksam macht, sich nicht nur auf willkürliche, sondern auch auf unstimmige, widersprüchliche Zusätze gefasst zu machen. Die Ergänzungen sind ganz beliebig; sie sind dem Zufall geschuldet, eine Entdeckung in einem Buch oder eine Begegnung im wirklichen Leben. Man darf sie auf keinen Fall als Verbesserung oder Weiterentwicklung sehen, weder des Menschen noch des Werkes, wie Montaigne betont:

»Mein Geist schreitet nicht immer voran, er geht auch im Krebsgang. Ich mißtraue meinen zweiten und dritten Einfällen daher kaum weniger als den ersten, den heutigen kaum weniger als den von gestern. Wir berichtigen uns selbst oft genauso falsch, wie wir es mit andern tun. Die erste Ausgabe meines Werks erschien im Jahre 1580. Seitdem bin ich viele Jahre älter geworden, gewiß aber um keine Daumenbreite weiser. Ich heute und ich einst, wir sind zweierlei Menschen; welches jedoch der beßre ist, kann ich nicht sagen.« (III, 9, 282)

Montaignes Skeptizismus ist ausgesprochen groß. Die erste Niederschrift der *Essais* war keineswegs schlechter als die späteren; das Alter bringt keine größere Weisheit; die neuen Erläuterungen im Buch sind nicht verlässlicher. Und die Paradoxie seiner Aussage ist offenkundig: »Ich heute und ich einst, wir sind zweierlei Menschen«, unterstreicht er, wobei er gleichzeitig betont: »Mein Buch ist immer ein und dasselbe.« Er steht zu diesem Widerspruch: Mag sein, dass ich unbeständig bin, mich immerzu verändere, doch ich erkenne mich in der Vielfalt und Ganzheit meiner Taten und Gedanken. So gelingt es Montaigne nach und nach, mit seinem Buch eins zu werden: »Ich habe mein Buch nicht mehr gemacht, als es mich gemacht hat: ein Buch, das mit seinem Autor wesensgleich ist« (II, 18, 505). »Anderswo kann man ein Werk getrennt von demjenigen loben oder tadeln, der es bewerkstelligt hat, hier nicht – mit einem erfaßt man beide!« (III, 2, 35) Mensch und Buch sind ein und dasselbe.

Haut und Hemd

Montaigne war ein politischer, ein engagierter Mensch – ich erinnerte bereits daran –, doch gab er stets acht, sich nicht allzu sehr vereinnahmen zu lassen, Distanz zu wahren, er beobachtete sich selbst, als wäre er auf einer Bühne. So schreibt er im Kapitel »Über den rechten Umgang mit dem Willen«, im dritten Buch der *Essais,* nach seiner Erfahrung als Bürgermeister von Bordeaux:

»Die meisten unserer Tätigkeiten sind Possen. *Die ganze Welt treibt Schauspielerei.* Wir müssen unsre Rollen darin gebührend übernehmen, aber eben als Theaterfigur. Aus Maske und Aufmachung sollte man nicht ein wirkliches Wesen machen und aus Fremdem nicht Eignes. Wir wissen Haut und Hemd nicht auseinanderzuhalten. Es reicht, sich das Gesicht zu schminken, das Herz bedarf dessen nicht.« (III, 10, 355)

Die Welt ist eine Bühne: Montaigne verwendet hier einen Bild, das seit der Antike vertraut ist. Wir sind Schauspieler; halten wir uns also nicht für die dargestellten Figuren. Handeln wir gewissenhaft; erfüllen wir unsere Aufgaben; aber verwechseln wir nicht unsere Taten mit unserem Sein; erhalten wir die Trennung zwischen unserem Innersten und unseren Handlungen aufrecht.

Erteilt Montaigne uns da etwa eine Lektion über die Heuchelei? Als Jugendlicher, als ich die *Essais* zum ersten Mal las und dieser Form subtiler Unterscheidung misstraute, dachte ich das. Die Jugend träumt von Aufrichtigkeit, Echtheit und somit von der vollständigen Identität, der vollkommenen Transparenz zwischen Sein und Schein. So wie Hamlet, der sich gegen das Benehmen des Hofes entrüstet und jeden Kompromiss verweigert. Vor der Königin, seiner Mutter, ruft er aus: »I know not ›seems‹ – »mir gilt kein scheint« (in der Übersetzung von Schlegel/ Tieck).

Später wird einem nach und nach bewusst, dass es besser ist, wenn die Mächtigen sich nicht allzu wichtig nehmen, nicht allzu eng mit ihrer Funktion verwachsen, einen gewissen Sinn für Humor oder Ironie bewahren. Das ungefähr wurde im Mittelalter mit der Theorie von den zwei Körpern des Königs ausgedrückt: auf der einen Seite der politische, unsterbliche Körper, auf der anderen der physische, sterbliche. Der Herrscher darf seine Person nicht mit seiner Aufgabe verwechseln, er darf aber auch nicht zu sehr an seiner Aufgabe zweifeln, damit seine Autorität nicht untergraben wird, so wie es bei einem anderen Helden von Shakespeare passiert, Richard II., einem König, der sich der Rolle, die er spielt, allzu bewusst ist und daraufhin gestürzt wird.

Montaigne umgibt sich lieber mit Menschen, die, schlicht gesagt, die Nase nicht allzu hoch tragen:

»Ich kenne Leute, die sich genausooft in andre Gestalten und Wesen verwandeln, wie sie neue Ämter übernehmen, und die, etwa Prälat geworden, selbst Leber und Eingeweide in diesen Stand erheben und ihre Würde noch auf dem Klosett nicht ablegen.

Ich vermag ihnen nicht beizubringen, das ihnen geltende Hutabziehn von dem zu unterscheiden, das ihrem Amt, ihrem Gefolge oder ihrem Maulesel gilt. *Sie sind derart von ihrem Rang eingenommen, daß sie ihre Natur darüber vergessen.* So blasen und blähn sie ihre Seele und ihre natürliche Redeweise bis zur Höhe ihres Amtssessels auf.

Der Bürgermeister von Bordeaux und Montaigne, das waren immer zwei, klar und säuberlich voneinander geschieden.« (III, 10, 355)

Wenn Montaigne nach seiner Wahl zum Bürgermeister nicht den Wichtigtuer spielte – wie der Philosoph Alain sagte –, so hat er sein Amt dennoch mit Entschlossenheit ausgefüllt, was auch immer jene behaupten, die ihn allzusehr beim Wort nahmen. Es handelt sich keineswegs um eine Lobrede auf die Hypokrisie, wenn er verlangt, das Sein vom

Schein zu trennen, sondern um eine Forderung nach Klarheit und – schon vor Pascal – eine Warnung vor der Selbsttäuschung.

Ein wohlgestalter Kopf

In jeder Debatte zum Thema Schule werden früher oder später Rabelais und Montaigne bemüht: Rabelais, dessen Pantagruel in einem Brief an seinen Sohn Gargantua forderte, dass dieser ein »Abgrund der Wissenschaft« werde, und Montaigne, der einen Mann mit »wohlgestaltem« Kopf einem Mann mit »wohlgefülltem« Kopf vorzog. Damit lassen sich die beiden konträren Ziele aller Pädagogik auf den Punkt bringen und einander gegenüberstellen: auf der einen Seite das Wissen, auf der anderen das Können, wie man heute sagen würde. Montaigne protestierte bereits in den Kapiteln »Über die Schulmeisterei« und »Über die Knabenerziehung« im ersten Buch der *Essais* dagegen, dass man die Schülerköpfe mit Wissen vollstopft:

»In Wahrheit zielen Sorge und Aufwand der Väter bei uns auf nichts anderes ab, als den Kopf der Kinder mit Bücherschränken zu möblieren; von Urteilskraft und Tugend hingegen – kaum ein Wort!

Macht unsre Leute einmal auf einen Passanten mit

dem Ruf ›Seht, was für ein Gelehrter!‹ aufmerksam, auf einen andern aber mit dem Ruf ›Seht, was für ein Ehrenmann!‹, und unfehlbar werden sie Augen und Achtung dem ersten zuwenden. Da müßte ein dritter Ruf ihnen selbst gelten: ›Was für Holzköpfe ihr seid!‹ Meistens fragen wir ja: ›Kann er Griechisch oder Latein? Schreibt er Verse oder Prosa?‹ Ob er dadurch aber besser und verständiger geworden sei, wäre doch das Wichtigste – und ebendas bleibt auf der Strecke.« (I, 25, 212 f.)

Montaigne geht mit den Unterrichtsmethoden seiner Epoche hart ins Gericht. Die Renaissance rühmt sich, mit dem dunklen Mittelalter gebrochen zu haben und zum antiken Wissen zurückgekehrt zu sein, bevorzugt aber weiterhin die Quantität des Gelernten auf Kosten der Qualität des Lernens. Montaigne setzt der Wissenschaft um ihrer selbst willen die Weisheit entgegen. Er stellt die Perversität einer enzyklopädischen Erziehung an den Pranger, für die das Wissen ein Ziel an sich ist, während es seiner Ansicht nach weniger auf das Wissen ankommt als darauf, was man daraus macht. Nicht für die Schule, sondern für das Leben sollten wir lernen. Man verehrt die Gelehrten, anstatt die Weisen zu bewundern. Montaigne wird nicht müde, darauf hinzuweisen:

»Erkundigen sollte man sich deshalb, wer das bessere, und nicht, wer das größre Wissen habe. Wir arbeiten ausschließlich daran, unser Gedächtnis vollzustopfen, Verstand und Gewissen jedoch lassen wir leer. Wie die Vögel zur Brutzeit auf der Suche nach Körnern ausfliegen, die sie dann, ohne sie zu kosten, im Schnabel herbeitragen, um ihre Jungen damit zu füttern, klauben und klauen auch unsre *Pedanten* unaufhörlich ihr Wissen aus Büchern zusammen, nehmen es aber nur mit gespitzten Lippen auf und spucken es zudem gleich wieder in den Wind.« (I, 25, 213)

Auf Montaignes Misstrauen gegenüber dem Gedächtnis werde ich noch zurückkommen. Er entschuldigt sich oft, ein schlechtes zu haben, aber im Grunde ist er froh darüber, denn das Gedächtnis ist alles andere als ein Segen, wenn es dazu verwendet wird, sich vor einem eigenen Urteil zu drücken. Er vergleicht das Lesen und die Bildung allgemein mit der Verdauung. Die Lektionen dürfen, wie die Lebensmittel, nicht nur mit der Zunge geschmeckt und dann unverarbeitet verschlungen werden, sondern müssen langsam gekaut und im Magen zerlegt werden, um mit ihrer Substanz Geist und Körper zu nähren. Andernfalls gibt man sie wie eine unbekömmliche Nahrung unverdaut wieder von sich. Das Ziel der Bildung aber ist Montaigne zufolge die Aneignung des Wissens im eigentlichen Sinn des Wortes: Das Kind muss sich das Wissen zu eigen machen, es nach seinem Dafürhalten umformen.

Die Diskussion über die Aufgabe der Schule ist

noch nicht beendet. Doch um die Positionen zu verdeutlichen, wäre es falsch, Montaignes Liberalismus allzu eilfertig Rabelais' Universalwissen gegenüberzustellen. Denn zum einen war das umfassende, exzessive Lernprogramm, das Pantagruel Gargantua in seinem Brief vorsetzt, für einen Riesen bestimmt. Und zum andern folgt ihm gleich darauf dieser Rat, gegen den Montaigne bestimmt nichts einzuwenden gehabt hätte: »Wissenschaft ohne Gewissen führt die Seele ins Verderben.« Das Gewissen, das heißt die Entwicklung von Aufrichtigkeit und Moral, steht im Zentrum jeder Bildung. Es ist das, was bleibt, wenn man verdaut hat, wenn man fast alles wieder vergessen hat.

Philosoph aus Zufall

Montaigne misstraute einer allzu verschulten Bildung – ich erinnerte eben daran. Dem polaren Denken entsprechend, das den gesamten *Essais* zugrunde liegt – der Gegensatz zwischen *Natur* und *Kunst*, der guten Natürlichkeit und der schlechten Künstlichkeit –, ist zu befürchten, dass die Kultur den Menschen von der Natur entfernt, statt sie ihm zu offenbaren. Daher ruft Montaigne seinen Lesern gerne in Erinnerung, dass seine Lektüre ihn nicht von der eigenen Natur entfremdet, sondern ihm im Gegenteil erlaubt hat, sie zu entdecken:

»Meine Lebensführung ist mir eingeboren; bei ihrer Ausgestaltung habe ich keinerlei philosophische Lehre zu Rat gezogen. Aber als mich trotz ihrer Unzulänglichkeit die Lust überkam, sie darzustellen, und ich, um sie ein bisschen adretter ans Licht der Öffentlichkeit treten zu lassen, mir auferlegte, sie mit allerlei Betrachtungen und Beispielen zu stützen und auszuschmücken, sah ich zu meiner eignen Überraschung, daß sich diese rein zufällig mit zahlreichen

Betrachtungen und Beispielen der Philosophie im Einklang fanden. Unter welchem Regiment mein Leben stand, habe ich so erst erfahren, als es ins Werk gesetzt und verwirklicht war.

Etwas ganz Neues: ein Philosoph aus Zufall, ohne Vorbedacht!« (II, 12, 329)

Eine sehr schöne Definition einer persönlichen Ethik – in »Apologie für Raymond Sebond« –, bescheiden und ambitioniert zugleich. Montaigne sagt uns zwei wesentliche Dinge. Erstens, dass er sich ganz allein zu dem gemacht hat, der er ist, dass seine Lektüre und seine Bildung ihn weder verwandelt noch verdorben haben und dass seine Lebensführung, die seinen Charakter, seine Haltung und seine moralischen Eigenschaften umschließt, wirklich seine ist, dass er sie nicht von fremden Vorbildern übernommen hat. Zweitens, dass, wenn man schreibt, spricht oder erzählt und dies mit Beispielen und Betrachtungen unterfüttert – das heißt, sich auf konkrete Begebenheiten und Erläuterungen stützt –, man sich im Nachhinein in den Büchern wiedererkennt. Montaigne sagt uns, dass er durch das Schreiben, das Beschreiben seiner selbst nicht nur verstanden hat, wer er ist, sondern auch, welchem Regiment, welcher Gruppierung, welcher Schule er sich am nächsten fühlt. Kurz, Montaigne hat sich nicht ausgesucht, Stoiker, Skeptiker oder Epikureer zu werden – die drei Philosophien, denen er oft zugerechnet wird –, sondern er hat am Ende seines Lebens erkannt, dass seine Lebensform auf natürliche Weise mit diesen Lehren übereinstimmte. Ganz zufällig und unbeabsichtigt, ohne Vorsatz oder Entschluss.

Darum wäre es falsch, Montaigne über die Zugehörigkeit zu der einen oder anderen antiken Schule zu definieren. Montaigne verabscheut Autoritäten. Wenn er sich auf einen Autor beruft, dann um auf eine zufällige Nähe hinzuweisen; und wenn er den Namen eines zitierten Autors unterschlägt, dann damit sein Leser lernt, jedem autoritären Argument zu misstrauen, wie er im Kapitel »Über Bücher« erklärt:

»Meine Anleihen zähle ich nicht, ich wiege sie. Hätte ich mich mit ihrer Menge hervortun wollen, würde ich mir doppelt so viele aufgeladen haben. Sie stammen alle, oder doch nahezu, von derart berühmten Namen der Antike, daß ich sie, scheint mir, nicht zu nennen brauche – sie tun das zur Genüge selbst.

Auch bei den Gedanken und Erwägungen, Argumenten und Vergleichen, die ich auf meinen Acker verpflanze und mit den meinen vermische, habe ich zuweilen ihren Urheber absichtlich verschwiegen, weil ich jenen Kritikern eine Falle stellen wollte, die mit ihren leichtfertigen Verrissen über alle Arten von Schriften herfallen […].

Ich möchte, daß diese Kritiker dem Plutarch einen Nasenstüber auf meine Nase verpassen; ich möchte, daß sie, indem sie in mir den Seneca verunglimpfen, sich die Zunge verbrennen.« (II, 10, 122)

Montaigne verheimlicht einige seiner Anleihen auch, damit der Leser sich nicht vor dem Prestige der Alten verbeugt, sondern lernt, ihre Autorität ebenso wie die Montaignes in Frage zu stellen.

Eine tragische Lektion

Als Heinrich II. die Salzsteuer, die sogenannte Gabelle, auf das Herzogtum Guyenne ausweitete, brach dort eine Revolte aus, bei der am 21. August 1548 Tristan von Moneins, Leutnant des Königs von Navarra, der nach Bordeaux entsandt wurde, um die Ordnung wiederherzustellen, von den Aufständischen ermordet wurde. Montaigne hatte diesem denkwürdigen Ereignis beigewohnt; sein Vater, Pierre Eyquem, war damals *jurat* – Stadtrat –, er selbst ein Jugendlicher von 15 Jahren.

»Ich erlebte in meiner Jugend einen Mann, der sich als Befehlshaber einer großen Stadt dem plötzlichen Aufruhr einer wutentbrannten Bevölkerung gegenübersah. Um die Rebellion im Keim zu ersticken, beschloß er, den völlig sichren Ort, an dem er sich befand, zu verlassen und sich unter die Meute der Meuterer zu begegnen – was ihm schlecht bekam, denn er wurde auf jämmerliche Weise ermordet.« (I, 24, 203 f.)

Es war ein entsetzliches Gemetzel: Der Leutnant

wurde erstochen, zerstückelt, zerlegt und »gesalzen wie ein Stück Rindfleisch«. In einem zeitgenössischen Bericht heißt es: »Zum Spott gesellte sich die Grausamkeit, sie schlitzten Moneins' Leiche an mehreren Stellen auf und füllten sie mit Salz, um zu zeigen, dass sie aus Hass auf die Gabelle rebelliert haben.« Der Schock für den jungen Montaigne war gewaltig.

Moneins, so urteilt Montaigne im Kapitel »Gleiches Vorhaben, verschiedene Folgen« im ersten Buch der *Essais*, wurde aufgrund seiner Unentschlossenheit angesichts der tobenden Menge hingerichtet:

»Mir scheint sein Fehler nun weniger darin bestanden zu haben, daß er sich überhaupt hervorwagte – wie man es ihm gewöhnlich heute noch vorwirft – als vielmehr darin, daß er dann einen Weg der Nachgiebigkeit, ja Unterwerfung einschlug und die Volkswut mehr durch Folgen als Führen besänftigen wollte, mehr durch Flehen als Ermahnen« (I, 24, 204).

Laut Montaigne hat Moneins sein Schicksal durch sein Verhalten selbst heraufbeschworen. In Bordeaux folgte eine schreckliche Repression: Aufhebung der städtischen Privilegien, Suspendierung der Stadträte, unter ihnen Pierre Eyquem, Amtsenthebung von Geoffroy de La Chassaigne, Präsident des Parlaments von Bordeaux und Großvater von Montaignes späterer Frau. Diese Episode prägte Montaigne für das ganze Leben, und er zog daraus eine Lehre, die er befolgte, als es im Mai 1585 am Ende seines zweiten Mandats als Bürgermeister zu einem Moment der starken Spannung zwischen der katholischen Liga und den Stadträten kam und er ebenfalls einer aufgebrachten Menge gegenüberstand. Trotz des befürchteten Aufstandes beschloss er, an der jährlichen Parade des bewaffneten Bürgertums teilzunehmen:

»In einer Ratssitzung behandelte man die Frage, ob man eine allgemeine Heerschau verschiedner Waffengattungen abhalten solle oder nicht (denn bekanntlich finden dabei oft geheim vorbereitete Racheakte statt, die sich nirgends mit größerer Erfolgsaussicht verüben lassen). […] Man trug mannigfache Meinungen vor, wie es einer so schwierigen Sache zukam, die ja von äußerster Wichtigkeit und Tragweite war.

Die meine besagte, daß man vor allem vermeiden müsse, sich diese Furcht auch nur im geringsten anmerken zu lassen; vielmehr solle man sich hinbegeben und mit erhobenem Haupt und offnem Gesicht durch die Reihen schreiten. […] Und in der Tat wurde dies von den verdächtigten Truppen als Auszeichnung angesehn und führte von Stund an zu einem sehr heilsamen wechselseitigen Vertrauen.« (I, 24, 204 f.)

Während Moneins sich zögerlich verhielt, schreibt Montaigne den eigenen Erfolg seinem sicheren Auftreten zu, der Zuversicht, die er in der Gefahr an den Tag legte, seiner Geradheit und Offenheit. Ohne sich hervorzutun, erzählt er, wie er eine schwierige Entscheidung getroffen hatte. Er sagt nicht explizit, dass er dabei die tragische Szene, deren Zeuge er fast vierzig Jahre zuvor gewesen war, vor Augen hatte. Doch da die beiden Berichte aufeinander folgen, versteht es sich von selbst. Nicht oft finden wir in den *Essais* Erlebnisse von einer solchen Intensität und Ernsthaftigkeit – und einer solchen Einfachheit.

Das Buch

Im Kapitel »Über dreierlei Umgang« vergleicht Montaigne drei verschiedene Arten von Beziehungen, die in seinem Leben einen großen Platz eingenommen haben: die Beziehung zu »schönen und edlen Frauen«, »außergewöhnliche, erlesne Freundschaften« und schließlich die Beziehung zu Büchern, die er für nutzbringender und wohltuender hält als die ersten beiden:

»Die abgehandelten zwei Arten des Umgangs sind Glückssache – sie hängen nicht nur von uns ab. Der mit wohlgearteten und lebenstüchtigen Männern hat das Ärgernis der Seltenheit, den mit schönen und edlen Frauen läßt das Alter welken. Daher hätten beide meine Lebensbedürfnisse keineswegs hinlänglich befriedigen können, wäre als dritter nicht der Umgang mit Büchern hinzugekommen. Er ist weitaus zuverlässiger und mehr uns selbst an die Hand gegeben.« (III, 3, 70)

Seit dem Tod von La Boétie hat Montaigne keine wahre Freundschaft mehr erfahren, und im Kapitel

»Über einige Verse des Vergil« bedauert er überdies das Nachlassen seiner Manneskraft. Diese beiden Arten des Umgangs, die des Kontakts mit dem anderen bedürfen, sind ohne Zweifel imstande, uns leidenschaftlichere Regungen, heftigere Empfindungen zu bereiten, doch sind sie auch vergänglicher, unberechenbarer, weniger dauerhaft. Die Lektüre hingegen bietet den Vorteil, dass sie geduldig und beständig ist.

Diese Parallelsetzung von Liebe, Freundschaft und Lektüre, die eine Art Rangfolge beinhaltet, hat da und dort Anstoß erregt. Damit würde die Lektüre, die die Einsamkeit verlangt, über all jene Beziehungen gestellt, die einen anderen bedingen und die aus diesem Grund als Zerstreuung gelten, die uns von uns selbst entferne. Und die Bücher wären so gesehen bessere Freunde oder Geliebte als die echten Menschen. Doch bevor wir diese Auslegung bestätigen, sollten wir uns in Erinnerung rufen, dass Montaigne das Leben stets als eine Dialektik zwischen mir und dem anderen begriffen hat. Wenn die Seltenheit der Freundschaft und die Flüchtigkeit der Liebe uns der Lektüre in die Arme treiben, so führt uns diese doch unweigerlich zu den anderen zurück. Halten wir aber trotzdem fest, dass von den »drei Umgängen« der mit den Büchern der beste ist:

»Er weicht mir auf meiner ganzen Lebensbahn nicht von der Seite und steht mir allenthalben zu

Diensten. Er tröstet mich im Alter und in der Einsamkeit. Er entlastet mich von der Bürde eines öden Müßiggangs und hält mir zu jeder Stunde unerwünschte Gesellschaft vom Leibe. Er stumpft die stechenden Schmerzen, falls sie nicht übermächtig sind. Um einen lästigen Gedanken loszuwerden, brauche ich bloß zu den Büchern zu greifen – sie befreien mich davon, indem sie mich sogleich voll in Anspruch nehmen. Sie verübeln es mir nicht einmal, daß ich immer nur dann ihre Gesellschaft suche, wenn ich jene andren, wirklicheren, lebendigeren und natürlicheren Genüsse entbehren muß, sondern empfangen mich stets mit gleich freundlicher Miene.« (III, 3, 70 f.)

Bücher sind stets verfügbare Begleiter. Alter, Einsamkeit, Müßiggang, Langeweile, Schmerzen, Angst: Es gibt kein Übel unseres Alltags, dem sie nicht Abhilfe schaffen können, zumindest, wenn es nicht allzu heftig ist. Die Bücher mindern die Sorgen, bieten Trost und Beistand.

Es ist aber auch eine ironische Spitze herauszuhören in diesem vorteilhaften Porträt der Bücher. Bücher protestieren nie, beschweren sich auch nicht, wenn sie vernachlässigt werden, ganz im Gegensatz zu Frauen und Männern aus Fleisch und Blut. Bücher strahlen immer Gleichmut und Wohlwollen aus, während Freunde und Geliebte Stimmungsschwankungen ausgeliefert sind.

Zu Beginn der Moderne hat Montaigne wie kaum ein anderer in seinem Lob des Lesens die Bedeutung des gedruckten Wortes vorhergesehen. Heutzutage, da wir möglicherweise dabei sind, uns davon zu verabschieden, ist es gut, sich noch einmal in Erinnerung zu rufen, dass Männer und Frauen sich jahrhundertelang in Büchern erkannt und wiedergefunden haben.

Der Stein

Montaignes Vorstellung von der Fortpflanzung ist auf den medizinischen Stand seiner Zeit zurückzuführen, die von Aristoteles, Hippokrates und Galenos inspiriert ist. Diese schreiben der generativen Kraft der Spermien die wunderbarsten Mächte zu. Und so gerät Montaigne im letzten Kapitel des zweiten Buches der *Essais*, »Über die Ähnlichkeit der Kinder mit ihren Vätern«, denn auch über die Mysterien der Weitergabe familiärer Charaktereigenschaften ins Schwärmen:

»Wie unbegreiflich ist es zum Beispiel, daß dem kleinen Samentropfen, aus dem wir hervorgehn, nicht allein die Körpergestalt, sondern auch die Denkweise und die Neigungen unsrer Väter eingeprägt sind! Wie kann diese wäßrige Winzigkeit eine solch endlose Zahl von Formen fassen? Und woher kommt es, daß sich dergleichen Ähnlichkeiten auf so völlig regellose und nicht vorhersehbare Weise darin fortpflanzen, daß der Urenkel seinem Urgroßvater gleicht und der Neffe seinem Onkel?« (II, 37, 653)

Unbegreiflich, unglaublich und bewundernswert,

dieser kleine Samentropfen. Die Menschen der Renaissance, insbesondere Ärzte wie Ambroise Paré oder Rabelais, interessierten sich sehr für ihn, suchten bei ihm nach dem Schlüssel, um dem Geheimnis der Natur auf den Grund zu kommen. Genau wie sie misst auch Montaigne den Frauen eine weit geringere Rolle bei der Fortpflanzung bei: »und wie wir die Frauen zwar ganz allein Haufen und Klumpen unförmigen Fleisches aus sich hervorbringen sehn, sie jedoch, soll eine gute und der Natur gemäße Fortpflanzung erfolgen, ebenfalls der Bestellung mit einem bestimmten Samen bedürfen« (I, 8, 50). Aus diesem Samen gehen nicht nur die physischen Ähnlichkeiten, sondern auch die Charakterzüge, das Temperament und die Gemütslage hervor, die sich innerhalb einer Abstammungslinie von einer Generation zur nächsten weitervererben.

Montaigne hat ganz persönliche Gründe, sich so sehr für das Rätsel der Fortpflanzung zu interessieren: Er glaubt, dass die Krankheit, die ihm die Nierensteine beschert, deren Ausscheidung ihm so große Schmerzen verursacht, ihm von seinem Vater vererbt worden ist, von Pierre Eyquem mit seinem prophetischen Vornamen, der auf Deutsch »Stein« bedeutet:

»Mutmaßlich habe ich die Veranlagung zur Steinbildung von meinem Vater, denn er starb unter entsetzlichen Qualen an einem Blasenstein. Die Krankheit machte sich bei ihm erst im Alter von siebenundsechzig Jahren bemerkbar, während er vorher keinerlei bedrohliches Anzeichen verspürt hatte, weder in den Nieren noch in den Lenden oder sonstwo [...]. Mehr als fünfundzwanzig Jahre vor seiner Erkrankung, in der Zeit seiner blühendsten Gesundheit, war ich als drittes seiner Kinder zur Welt gekommen.

Wo schwelte bei ihm über all die Zeit die Neigung zu dieser Krankheit? Und da ihr Ausbruch noch in so weiter Ferne lag, wie konnte jenem winzigen Teilchen seiner körperlichen Substanz, mit dem er mich zeugte, seinerseits schon eine derart folgenschwere Anlage eingeprägt sein? Und dies derart verborgen, daß ich das Leiden erst fünfundvierzig Jahre später zu spüren bekam – bis auf den heutigen Tag als einziger unter so zahlreichen Brüdern und Schwestern, die wir doch alle von einer Mutter stammen? Wer mir diesen Vorgang verständlich machen kann, dem werde ich so viele andre wundersame Dinge glauben, wie er will« (II, 37, 653 f.).

Montaigne kann sich nicht genug darüber wundern, dass das väterliche Übel so lange in ihm geschlummert hat, bevor es sich in seinen Nieren zu regen begann, und dass es von all seinen Geschwistern nur ihn allein getroffen hat, doch da er den Ärzten zutiefst misstraut, verschließt er sich den phantastischen Erklärungsversuchen, die er von ihnen erwartet, von vornherein. Selbst angesichts eines

Phänomens, das ihn ganz besonders betrifft – seine Nierensteine –, beharrt er eisern auf seinen Zweifeln und beschränkt sich darauf, festzustellen und zu hinterfragen.

Die Wette

Montaignes Haltung zur Religion bleibt für uns ein Rätsel. Es steht in den Sternen, was er wirklich glaubte. War er ein guter Katholik oder ein verdeckter Atheist? Er ist als Christ gestorben, und seine Zeitgenossen verließen sich auf seine Glaubensbekenntnisse wie beispielsweise auf seiner Romreise im Jahr 1580. Im frühen 17. Jahrhundert jedoch sah man in ihm einen Vorläufer der Libertins, der Freidenker, die die Aufklärung ankündigten.

Und zwar deshalb, weil er in »Apologie für Raymond Sebond«, in dem sehr langen und komplizierten theologischen Kapitel des zweiten Buches, Glaube und Vernunft strikt voneinander trennt: »Allein der Glaube ist es, der die hehren Geheimnisse unsrer Religion lebendig und sicher in sich aufzunehmen vermag« (II, 12, 169), lässt er gleich eingangs verlauten, während die ohnmächtige, gedemütigte, zum Rang eines Tieres degradierte menschliche Vernunft weder die Existenz Gottes noch die Wahrheit der Religion beweisen kann. Montaignes Haltung wird dem »Fideismus« zugerechnet, einer Lehre, die den Glauben zur Gnade Gottes, zur göttlichen Offenbarung erklärt, die keinen Bezug zur Vernunft hat. Der Vorteil daran ist, dass der Vernunft das Feld überlassen wird und sie sich des gesamten Rests annehmen kann. Und das tut Montaigne mit solcher Unerschrockenheit, dass von der Religion nichts als der Glaube übrigbleibt, als letzte Instanz, allem und jedem zum Trotz, den Bedingungen der menschlichen Existenz beinahe fremd. In der »Apologie« zweifelt Montaigne alles an, um schließlich, so als wäre nichts gewesen, seinen Glauben zu beteuern.

Der sogenannte »christliche Skeptizismus« ist – vor der Pascal'schen Wette – der Zweifel, der zu Gott führt. Was aber ist dieser Glaube wert, wenn der Relativismus unterwegs sämtliche Religionen auf dieselbe Stufe gestellt hat und der Glaube nur noch eine Angelegenheit der Tradition ist? Wir übernehmen den Glauben unseres Landes, wie wir seine Bräuche fortsetzen und uns seinen Gesetzen unterwerfen, und er ist kein bisschen fundierter als sie:

»All dies zeigt deutlich genug, daß wir unsere Religion nur auf unsre Weise und aus unsren eigenen Händen annehmen (und nicht anders, als die andern Religionen angenommen werden): entweder weil wir sie im Lande unsrer Geburt als üblich vorfanden oder weil wir ihre Altehrwürdigkeit und das Ansehn der Männer achten, die sich zu ihr bekannten, oder weil wir die Strafen fürchten, die sie den Ungläubigen androht, oder weil wir ihren Versprechen traun. Gewiß sollten solche Erwägungen in unserm Glauben eine Rolle spielen, aber nur eine untergeordnete, handelt es sich hierbei doch um rein menschliche Bande: Ein anderer Himmelsstrich, andre Glaubenszeugen, ähnliche Verheißungen und Drohungen könnten uns auf dieselbe Weise einen entgegengesetzten Glauben einpflanzen.

Christen sind wir im gleichen Sinne, wie wir Périgorden oder Deutsche sind.« (II, 12, 175 f.)

Nimmt man diese Ausführungen wörtlich, sind sie mehr als verwirrend; sie sind regelrecht blasphemisch: Die Religionen tradieren sich über die Gewohnheit, über den Aberglauben, der von seinen Versprechen oder Drohungen lebt. Zwar legt Montaigne nahe, dass auch andere, weniger menschliche und mehr transzendente Erwägungen für den Glauben unabkömmlich sind – wieder die Offenbarung der Fideisten –, doch ist die Pointe deswegen nicht minder ernüchternd: Wenn wir Christen sind, wie wir Périgorden oder Deutsche sind, was bleibt dann von der Wahrheit und der Universalität der katholischen Kirche übrig? »Was ist das für eine Wahrheit, die an diesem Bergzug endet und für die Welt dahinter *Lüge* heißt?« (II, 12, 380)

Und worauf reduziert sich der Unterschied zwischen Katholiken und Protestanten? Montaigne geht

nie so weit, uns zu verraten, was er von der Trans-
substantiation, von der sogenannten Realpräsenz
Christi in Brot und Wein hält, doch ich dachte oft –
keine Ahnung warum –, dass dies – ich habe ver-
sprochen, darauf zurückzukommen – der dritte Gegenstand war, über den sich die Indianer wunderten,
die er 1562 in Rouen getroffen hatte.

Scham und Kunst

Montaigne spricht mit einer heute geradezu irritierenden Freizügigkeit über seine Sexualität. So auch im Kapitel »Über einige Verse des Vergil« im dritten Buch der *Essais*, in dem er seine schwindende Manneskraft bedauert. Er verspürt jedoch gleichwohl das Bedürfnis, sich für seine Ungezwungenheit zu rechtfertigen, was beweist, dass er um das Tabu weiß, das er bricht, wenn er kein Blatt vor den Mund nimmt.

»Doch kommen wir zu meinem Thema.

Was hat der Geschlechtsakt, dieser so natürliche, nützliche, je notwendige Vorgang den Menschen eigentlich angetan, daß sie nicht ohne Scham davon zu reden wagen und ihn aus den ernsthaften und sittsamen Gesprächen verbannen? Wir haben keinerlei Hemmung, die Worte *töten*, *rauben* und *verraten* offen auszusprechen – und da sollen wir uns dieses eine bloß zwischen den Zähnen zu murmeln getraun? Meinen wir gar, wir hätten, je weniger Worte wir darüber machen, ein um so größeres Recht, mit unsren Gedanken ständig drin zu schwelgen?

Es ist doch ein Witz, daß die Worte, die am wenigsten in den Mund genommen, am seltensten geschrieben und am häufigsten verschwiegen werden, zugleich die bekanntesten und am besten verstandenen sind. Da ist niemand, wie alt und geartet auch immer, dem sie minder geläufig wären als das Wort *Brot*. Jedem prägen sie sich ein, keiner drückt sie aus: Worte ohne Laut, ohne Buchstabe – und just dem Geschlecht, das die Sache am meisten betreibt, hat man auferlegt, am beharrlichsten hierüber zu schweigen.

Ein genauso großer Witz ist es, daß diesen Akt dem Bann des Schweigens zu entreißen, mit dem wir ihn belegt haben, selbst dann noch als Verbrechen gilt, wenn es nur geschieht, um ihn anzuklagen und zu verurteilen. Sogar ihn zu geißeln wagen wir nur in bildhaften Umschreibungen.« (III, 5, 102 f.)

Montaigne macht sich Gedanken darüber, was uns eigentlich untersagt, über die Sexualität zu sprechen, während wir uns doch hemmungslos über so viele andere, weit weniger natürliche und sogar verwerfliche Taten, darunter Verbrechen wie Diebstahl, Tod oder Verrat, unterhalten. Es handelt sich hier um eine Auseinandersetzung mit einem wesentlichen menschlichen Affekt: der Scham. Warum halten wir uns damit zurück, über etwas zu reden, das wir jeden Tag tun? Woher kommt diese Scham, sobald von Sexualität die Rede ist? Montaigne hat eine Erklärung dafür: Je weniger wir darüber sprechen, desto mehr denken wir daran. Oder anders gesagt, wir reden wenig darüber, um mehr daran zu denken. Wir verschweigen diese Wörter, aber wir kennen sie sehr genau, und wir schätzen sie gerade deshalb so sehr, weil sie im Geheimen bleiben. Kurz, das Mysterium, das die Sexualität umgibt, trägt zu ihrem Nimbus bei. Montaigne denkt dabei besonders an die Frauen – das »Geschlecht, das die Sache am meisten betreibt« und sich am beharrlichsten darüber ausschweigt –, einem frauenfeindlichen Vorurteil entsprechend, das in der Renaissance fest verankert war und für das auch Rabelais zahlreiche Beispiele zusammenträgt, bei dem das weibliche Geschlecht nach dem Vorbild Platons und der damaligen Ärzte als ein autonomes, gefräßiges Tier gesehen wird.

Montaigne erkennt jedoch noch einen weiteren wesentlichen Vorteil des Tabus, mit dem die Sexualität belegt ist: Da man nicht offen über sie sprechen kann, findet man einen anderen Weg, um sich mit ihr zu beschäftigen, durch »bildhafte Umschreibungen«, in Gedichten und auf Gemälden. Montaigne erklärt die Entstehung der Kunst aus dem Scham- und Zartgefühl heraus, als einen Versuch, sich in einer verhüllten, bedeckten, indirekten Weise über Sexualität zu äußern.

Was die Frauenfeindlichkeit angeht, so weist er sie glücklicherweise ganz am Schluss des Kapitels von sich, um sich klar für die Gleichheit von Männern und Frauen zu positionieren:

»[…] behaupte ich nun, daß Mann und Frau aus ein- und demselben Lehm geknetet sind; wenn man von Erziehung und Brauch absieht, besteht jedenfalls kein großer Unterschied zwischen ihnen.

Platon beruft Männer wie Frauen in seinem *Staat* ohne Unterschied zur Teilnahme an allen Wissenschaften und Übungen, Ämtern und Tätigkeiten in Krieg und Frieden; und der Philosoph Antisthenes verneinte überhaupt jeden Unterscheid zwischen der Frauen Tugend und unsrer.

Es ist weitaus leichter, das eine Geschlecht anzuklagen, als das andre freizusprechen. Daher pflegt man zu sagen: ›Der rußige Schürhaken bespottet den Ruß des Kessels.«« (III, 5, 179 f.)

Montaigne setzt die Klischees sehr bewusst ein, wenn er die weibliche Sexualität karikiert: Schürhaken und Kessel, zwei eindeutige Sexualsymbole, die beide gleichermaßen verspottet werden, ist doch eines lächerlicher – und schamhafter – als das andere.

Die Ärzte

Montaigne mochte die Ärzte nicht – ich sagte es bereits. Sie gehören sogar derjenigen Berufsgruppe an, gegen die er am lebhaftesten zu Felde zieht. Er hielt die Ärzte für Stümper oder Scharlatane, die insbesondere bei seinen Nierensteinen machtlos waren. Durch die gesamten *Essais* hindurch wettert er gegen sie, so auch im Kapitel »Über die Ähnlichkeit der Kinder mit ihren Vätern«, dem letzten im zweiten Buch:

»[…] soweit mein Auge reicht, sehe ich keine Menschen so schnell erkranken und so langsam genesen wie jene, die sich ihrem Machtspruch unterworfen haben. Ihre Gesundheit wird vom Zwang der Diätvorschriften regelrecht zerrüttet und zugrunde gerichtet, denn die Ärzte begnügen sich ja nicht damit, über die Krankheit das Regiment zu führn, sondern sie machen obendrein die Gesundheit krank, um zu verhindern, daß man zu irgendeiner Zeit ihrer Herrschaft entwische. Pflegen sie uns etwa nicht einzureden, eine dauerhafte und volle Gesundheit kündige eine schwere Krankheit an?« (II, 37, 658 f.)

Sicherlich übertreibt Montaigne: Die Männer und Frauen, die die Vorschriften ihrer Ärzte befolgen, behauptet er, sind noch kränker als die anderen; die Ärzte verordnen Behandlungen oder Diäten, die mehr Schlechtes als Gutes bewirken; den Unannehmlichkeiten der Krankheit fügen sie noch die der Behandlung hinzu; die Ärzte machen die Menschen krank, um ihre Macht über sie zu behalten; die Ärzte sind Sophisten, die die Gesundheit in einen Vorboten der Krankheit verkehren. Kurz, wenn man gesund bleiben will, geht man ihnen am besten aus dem Weg.

Die Medizin war zur Zeit Montaignes rudimentär und unverlässlich; er hat allen Grund, ihr zu misstrauen und sie zu meiden. Eine einzige medizinische Technik findet Gnade vor seinen Augen: die Chirurgie. Denn sie macht einen klaren Schnitt da, wo das Übel unzweifelhaft ist, und ist weniger auf Raten und Mutmaßen angewiesen – »Der Wundarzt sieht ja und greift mit Händen, was er tut« (II, 37, 671), stellt er im selben Kapitel fest –, doch bleibt ihr Erfolg dem Zufall überlassen. Im Übrigen macht Montaigne keinen großen Unterschied zwischen Medizin und Magie und verlässt sich einzig auf sich selbst, um sich zu kurieren, das heißt, um seiner Natur zu folgen:

»Ich wurde oft genug von Krankheiten befallen; aber ich fand sie ohne ihre Hilfe nicht schwerer zu ertragen (und habe doch fast alle Arten durchgemacht) und nicht von längerer Dauer, als ich es bei andern sah; und überdies blieb mir die bittre Beimischung der ärztlichen Verordnungen erspart. Meine gesunden Tage genieße ich frei und unbeschwert; einzige Regel und Vorschrift ist mir, was ich gewohnt bin und was mir Vergnügen bereitet. Jeden Aufenthaltsort finde ich gut, denn bei Krankheit bedarf ich keiner größeren Bequemlichkeit als im gesunden Zustand. Es beunruhigt mich nicht im geringsten, wenn kein Arzt, kein Apotheker und keine sonstige Hilfe in erreichbarer Nähe sind (was den meisten, wie ich sehe, mehr Pein bereitet als ihre Krankheit). Warum auch – können uns die Ärzte etwa durch Glück und Dauer ihres eignen Lebens nachweisen, daß ihre Kunst irgendeine greifbare Wirkung hat?« (II, 37, 659)

Montaigne verwischt die Grenze zwischen Krankheit und Gesundheit im Namen der Natur. Die Krankheiten sind Teil der Natur; sie haben ihre bestimmte Dauer, ihren Lebenszyklus, dem man sich besser unterordnet, ohne einzugreifen. Die Verweigerung der Medizin gehört zur Unterwerfung unter die Natur. Deshalb ändert Montaigne an seinen Gewohnheiten, wenn er krank ist, so wenig wie möglich.

Und dann kommt das dicke Ende: Die Ärzte leben nicht besser und nicht länger als wir, sie leiden an denselben Übeln und genesen kein bisschen schneller. Doch in diesem Fall sollten wir uns Montaignes Ratschläge nicht zu sehr zu Herzen nehmen: Unsere heutigen Ärzte haben nichts mehr von den Zauberlehrlingen der Renaissance und wir können ihnen, wie mir scheint, vertrauen.

Das Ende und das Ziel

Es wird viel darüber gestritten, ob sich Montaignes Denken während der Niederschrift der *Essais* weiterentwickelt hat oder ob es von Anfang an ungeordnet, vielschichtig und variabel war. Ein Thema jedenfalls gibt es, zumindest auf den ersten Blick, das ihn sehr beschäftigt hat und von dem er am Anfang nicht in derselben Weise spricht wie am Ende: der Tod. Ein wichtiges Kapitel des ersten Buches, dessen Titel Cicero entlehnt ist, »Philosophieren heißt sterben lernen«, scheint einem strengen Stoizismus verpflichtet zu sein:

»Das Ziel unserer Laufbahn ist der Tod – auf ihn sind unweigerlich unsre Blicke gerichtet. Wie können wir, wenn er uns Angst und Schrecken einjagt, auch nur einen Schritt ohne Schaudern nach vorne tun? Der Notbehelf des gemeinen Volks besteht darin, nicht an ihn zu denken. Aber zeugt eine solche Selbstblendung nicht von tierischer Dummheit? [...] Berauben wir ihn seiner Unheimlichkeit, pflegen wir Umgang mit ihm, gewöhnen wir uns an ihn, bedenken wir nichts so oft wie ihn!« (I, 20, 129–134)

Der Weise muss seine Leidenschaften zu zügeln wissen, so auch seine Angst vor dem Tod; da er unvermeidlich ist, muss man ihn zähmen, sich an ihn gewöhnen, immerfort an ihn denken, um diesem unerbittlichen Gegner seinen Schrecken zu nehmen.

Am Ende der *Essais* hingegen scheint Montaigne, der die Resignation der Bauern angesichts der Pest und des Krieges beobachtet, zu begreifen, dass man sich nicht mit reiner Willensanstrengung auf den Tod vorbereiten kann und dass die wahre Weisheit im Gleichmut der einfachen Leute liegt, der nicht weniger edel ist als derjenige, den Sokrates in den Freitod begleitet hat:

»Durch die Sorge um den Tod trüben wir das Leben und durch die Sorge um das Leben den Tod: Dem Leben weinen wir nach, der Tod schreckt uns. Dennoch rüsten wir uns nicht fürs Sterben – es geht ja im Nu vorbei: Eine Viertelstunde Hinnahme ohne schmerzliche Folgen bedarf keiner besondren Vorkehrungen. Die Wahrheit zu sagen: Wir rüsten uns dagegen, uns für den Tod zu rüsten. [...] Ich hingegen meine, daß der Tod zwar das Ende des Lebens ist, nicht aber dessen Ziel; zwar sein Schlußpunkt, seine äußerste Grenze, nicht aber sein Zweck. Es muß vielmehr auf sich selber gerichtet sein, sich selber wollen. Seine wahre Aufgabe besteht darin, sich seine eigne Ordnung und Führung zu geben, mit sich ins reine zu kommen.« (III, 12, 417 f.)

Montaigne hat einen Sinn für Nuancen: Der Tod ist das Ende, nicht aber das Ziel des Lebens. Das Leben muss auf das Leben gerichtet sein, der Tod kommt von allein. Aber hat Montaigne seine Ansichten mit zunehmendem Alter weiterentwickelt? Schwer zu sagen. Im Kapitel »Philosophieren heißt sterben lernen« häufen sich Ratschläge, die von solch ausgeklügelten Antithesen begleitet werden, dass sie daran zweifeln lassen, ob er wirklich so überzeugt war von den Thesen, die er propagiert:

»Es ist ungewiß, wo der Tod uns erwartet – erwarten wir ihn überall! Das Vorbedenken des Todes ist Vorbedenken der Freiheit. Wer sterben gelernt hat, hat das Dienen verlernt. Sterben zu wissen entläßt uns aus jedem Joch und Zwang. Das Leben hat keine Übel mehr für den, der recht begriffen hat, daß der Verlust des Lebens kein Übel ist.« (I, 20, 134)

Es ist, als würde Montaignes Vernunft der Einbildungskraft gut zureden, aber ohne dass er wirklich daran glaubt, so als würde er eine auswendig gelernte Lektion aufsagen. Er scheint sich gar zu mokieren über diesen im Vorhinein verlorenen Kampf gegen den Tod: »Ja, wäre der Tod ein Feind, dem man entfliehen könnte, würde ich raten, sich die Waffen der Feigheit zu leihn« (I, 20, 133), das heißt, sich vor ihm aus dem Staub zu machen.

Nicht einmal in Bezug auf Montaignes Haltung gegenüber dem Tod kann man von einer Weiterentwicklung sprechen, sondern eher von einem Schwanken. Wie lebt man am besten? Stets mit dem Tod vor Augen, wie Cicero und die Stoiker, oder indem man so wenig wie möglich an ihn denkt, wie Sokrates und die Bauern? Montaigne war hin- und hergerissen zwischen Melancholie und Lebensfreude – wie wir alle –, aber sein Schlusswort stand im Grunde von Anfang an fest: »Ich will, daß der Tod mich beim Kohlpflanzen antreffe« (I, 20, 137).

Teil des eigenen Wesens

Das Kapitel »Über den Dünkel« in der posthumen Ausgabe der *Essais* von 1595, in dem sich Montaigne erst mit sich selbst auseinandersetzt und danach auf einige Beispiele bedeutender Zeitgenossen eingeht, schließt mit einer überschwänglichen Lobeshymne auf Marie de Gournay, seine »Wahltochter«, wie er sie nennt. Da dieses Kompliment in den früheren Ausgaben der *Essais* noch fehlte und Marie de Gournay die posthume Fassung herausgegeben hat, wurde die Echtheit dieser schmeichelhaften Zeilen hin und wieder in Zweifel gezogen:

»Mit Freude habe ich schon verschiedentlich von den Hoffnungen gesprochen, die ich in meine geistige Adoptivtochter Marie de Gournay le Jars setze: Ich hege zu ihr eine gewiß mehr als väterliche Liebe – ja, umschlossen von meiner Zurückgezogenheit und Einsamkeit fühle ich mich ihr so tief verbunden, als wäre sie einer der besten Teile meines eignen Wesens. Für mich gibt es nur noch sie auf der Welt. Wenn Jugend je vielversprechend war, dann diese.

Ihre Seele wird eines Tages der hochherzigsten Dinge fähig sein, unter andern der Vollendung unsrer unverbrüchlichen Freundschaft. (Niemand ihres Geschlechts hat sich bisher, wie wir aus den Büchern wissen, zu einer solchen erheben können.)« (II, 17, 502)

Jahrhundertelang wurden die *Essais* in der Ausgabe der Mademoiselle de Gournay gelesen, der ein langes Vorwort aus ihrer Feder vorangestellt war. Diese Version ist beispielsweise auch für Pascal und Rousseau prägend gewesen. Im 20. Jahrhundert dann zog man das sogenannte »Bordeaux-Exemplar« vor, da man diesen Wälzer im Quartformat aus dem Jahr 1588, voller Randbemerkungen und Korrekturen Montaignes – von ihm »allongeails« genannt –, für verlässlicher hielt. Die Ausgabe von 1595 weicht an vielen Stellen von dem Bordeaux-Exemplar ab, so fehlt unter anderem in Letzterem die Passage über Mademoiselle de Gournay. Inzwischen ist jedoch die posthume Ausgabe rehabilitiert worden, da sie offenbar auf einer besseren Textgrundlage basiert. Es gibt also keinen Grund mehr, an dem schönen Porträt zu zweifeln, das Montaigne von seiner Wahltochter zeichnet:

»Ihr aufrichtiger und zuverlässiger Charakter gewährleistet das jetzt schon, und ihre Zuneigung zu mir ist von derart überströmender Herzlichkeit, daß nichts zu wünschen bliebe, wenn nicht, daß sie von der Furcht weniger grausam gequält würde, ich könnte, weil ich bei unsrer ersten Begegnung schon

fünfundfünfzig Jahre alt war, in Bälde dahinschei-
den. Das Urteil, das sie über meine ersten *Essais* ab-
gab – man bedenke: als Frau, und in diesem Jahrhundert, und so jung, und als einzige in ihrer Gegend
–, sowie die außergewöhnliche Heftigkeit, mit der sie
allein durch die von deren Lektüre ausgelöste Wert-
schätzung lange vor unsrer Begegnung in Liebe zu
mir entbrannte und mich kennenzulernen wünschte,
verdienen allerhöchste Achtung.« (II, 17, 502)

Diese Verbindung zwischen einem Mann im reifen
Alter und einer dreißig Jahre jüngeren Frau hat für
Staunen gesorgt. Montaigne hat seit La Boéties Tod
im Jahr 1563 keine Freundschaft im Sinne des antiken Ideals mehr erfahren, Mademoiselle de Gournay jedoch hält er eines Platzes im Ruhmestempel
des Jahrhunderts für würdig. In Griechisch, Latein
und klassischer Bildung bewandert, war sie alles andere als eine »lächerliche Preziöse«, als die sie gelegentlich böswillig dargestellt wurde. Im Alter von
achtzehn Jahren hat sie ganz allein die ersten beiden
Bücher der *Essais* entdeckt und war vor Bewunde-
rung hingerissen; sie traf Montaigne ein einziges
Mal, im Jahr 1588 in Paris, danach korrespondierte
sie mit ihm bis zu seinem Tod – nach dem ihr Ma-
dame de Montaigne die posthume Ausgabe der *Essais*
anvertraute.

Montaigne, von dessen sechs Kindern einzig seine
Tochter Léonor überlebte, hat gestanden, dass er

seine Wahltochter »mehr als väterlich« liebte, so als wäre sie ein Teil seiner selbst, und weiter, dass es für ihn »nur noch sie auf der Welt« gebe und sie ihm mit »überströmender Herzlichkeit« begegne. Schon diese Freundschaft allein wäre der Beweis, wenn es eines Beweises bedürfte, dass Montaigne nicht mit den Vorurteilen seines Jahrhunderts gegen die Frauen behaftet war, unterhielt er doch in seinen letzten Lebensjahren eine Freundschaft zu einem jungen Mädchen, die seinen Vorbildern aus der Antike würdig ist.

Jagd und Beute

Im Kapitel »Über einige Verse des Vergil« lernt Montaigne, dieser aufrechte, aufrichtige, redliche Mann, der die Heuchelei über alle Maßen verabscheut, paradoxerweise die Vorzüge des Kaschierens in Liebesangelegenheiten schätzen. Was er bei dieser Gelegenheit entdeckt, ist im Grunde der Unterschied zwischen der Pornographie, die alles zeigt, und der Erotik, die verhüllt, um durch Andeutungen das Verlangen umso mehr zu schüren:

»Spanier und Italiener gehen hier mit mehr Respekt und Rücksicht zu Werke als wir, verstohlener und verschwiegner – und das gefällt mir. Irgendwer unter den Alten wünschte sich, sein Schlund wäre so lang wie der eines Kranichs, um länger schmecken zu können, was er verschlingt. Einen solchen Wunsch fände ich bei der überstürzten und flüchtigen Wollust des Liebesakts noch angebrachter (namentlich für Naturen wie die meine, deren Fehler das Ungestüm ist). Um deren Flucht aufzuhalten und das Vergnügen in Vorspiele hinein zu erweitern, werten

Spanier und Italiener denn auch alles als Beweis von Gunst und Gegenliebe: einen zugeworfnen Blick, eine Neigung des Kopfes, ein Wort, einen Wink. Wen der Duft des Bratens sättigen könnte – würde der nicht ganz schön was sparen?« (III, 5, 154 f.)

Montaigne spricht also der Langsamkeit in der Liebe das Wort, der Verführung und der Galanterie, die gemeinhin als mediterrane Vorzüge gelten. Selbst er, der, wie er eingesteht, das Laster des »Ungestüms« hat, das heißt unfähig ist, seine Lust andauern zu lassen, ahnt, dass es eine Beschäftigung gibt, bei der die allzu direkte und unverhüllte Art nicht von Vorteil ist. Der Reiz der Sinnlichkeit hängt mit dem Hinauszögern des Vorspiels zusammen. Mit der wiederholten Parallelsetzung der Tafel- und Liebesfreuden erinnert Montaigne uns daran, dass Wollust und Völlerei zwei der sieben Todsünden waren und noch immer sind, die noch schwerer wiegen, wenn man durch Verzögerungen das Ende hinauszuschieben versucht.

Im Grunde scheint Montaigne selbst überrascht, dass er an dieser Stelle auf einmal Vortäuschung und Doppelzüngigkeit rehabilitiert, die er überall sonst verurteilt: »Laßt uns also die Frauen lehren, sich ins rechte Licht zu setzen, sich zu schätzen und uns mit ihren Spielen beschäftigt zu halten, indem sie uns ein X für ein U vormachen.« (III, 5, 155) Es ist Aufgabe der Frauen, die Männer durch Koketterie und

Tändelei schmachten zu lassen, sie hinzuhalten, in dem sie ihre Gunst hinauszögern.

Montaigne zieht jedoch noch eine weit umfassendere Lehre aus diesem Beispiel, eine Lehre für die Lebenshaltung, die seine spontane Ethik in einem anderen Licht erscheinen lässt: »Wer Genuß nur am Genuß findet, wer nur alles oder nichts gewinnen will, wer an der Jagd nur die Beute liebt, der hat in unsrer Schule nichts zu suchen. Je mehr Stufen zu ersteigen sind, desto höher und ruhmvoller ist die letzte. Es sollte uns Freude machen, wie in prächtigen Palästen auf mancherlei Umwegen durch verschiedne Portale und Passagen, durch lange und luftige Säulenhallen zu dieser letzten geführt zu werden, denn ein solch bedächtiges Voranschreiten käme uns zugute: [...] Bleiben Sehnen und Hoffen nicht erhalten, gelangen wir nirgendwohin.« (III, 5, 155 f.)

Bei der Jagd hängt das Vergnügen nicht von der Beute ab, sondern von der Jagd selbst und allem, was damit verbunden ist: der Ausritt, die Landschaft, die Geselligkeit und die körperliche Betätigung. Ein Jäger, der nur auf Beute aus ist, wird zu einem Ausbeuter. Und Montaigne würde dasselbe von vielen anderen, weniger sinnlichen Tätigkeiten wie dem Lesen oder dem Studium sagen, diesen geistigen Jagden, von denen wir gelegentlich unverrichteter Dinge zurückkommen, während das Glück überall auf dem Weg zu finden wäre. Unsere Schule ist, wie Montaigne sagt, die Schule der Muße, das *otium* des freien, gebildeten Menschen, des Bücherjägers, der seine Zeit einer Tätigkeit ohne unmittelbares Ziel widmen kann.

Die Ungezwungenheit

Montaigne legt in den *Essais* einen erstaunlich freien Stil an den Tag. Er weist die in der Schule gelehrten Regeln der Schreibkunst zurück und steht für eine unbekümmerte, erfinderische Ausdrucksweise ein, mit der er sich im Kapitel »Über die Knabenerziehung« auseinandersetzt:

»Ich meinerseits verdrehe viel lieber einen guten Sinnspruch, um ihn meinem Text einzupassen, als daß ich dessen roten Faden verdrehe, um einen guten Sinnspruch unterzubringen. Es sind die Worte, die zu dienen und zu folgen haben, und wo das Französische nicht mehr mitkommt, führt das Gascognische ans Ziel. Ich will, daß die Dinge die Oberhand behalten; sie sollen die Vorstellung des Zuhörers derart ausfüllen, daß er sich der Worte gar nicht mehr entsinnt.

Die Sprache, die ich liebe, ist einfach und natürlich: auf dem Papier nicht anders als aus dem Mund; eine Sprache voller Saft und Kraft, kurz und bündig, weniger geschniegelt und gebügelt als unverblümt

und ungestüm; [...] harte Nuß eher denn breit-
getretner Quark fern aller Geziertheit, gewagt, ohne
Regel und Zusammenhang, da jeder Teil auf sich gestellt, nicht schulmeisterlich, nicht pfäffisch, nicht
advokatisch, sondern *soldatisch*, wie Sueton die Sprache Julius Caesars nennt« (I, 26, 268).

Montaigne hat nichts für lange Einleitungen und
Ausschmückungen übrig; er verfolgt direkt sein Ziel
und verurteilt sämtliche Effekthascherei, er weigert
sich, Wörter zu benutzen, die die Dinge verschleiern
und die Gedanken unter den Stilfiguren verbergen.
Für ihn sind Wörter wie Kleider, die den Körper
nicht umformen, sondern seine eigene Form zur Geltung bringen, ihn durchscheinen lassen, wie eine
zweite, eng anliegende Haut, die die natürlichen Li-
nien betont. Hier zeigt sich ein weiterer Bereich, in
dem er die Künstlichkeit, das Artifizielle zurück-
weist. Montaigne hat nicht nur Französisch anstelle
von Latein gewählt, er zögert auch nicht, zur Mund-
art zu greifen, wenn ihm ein französisches Wort
fehlt, und er lobt eine Schreibweise, die nah an der
Stimme bleibt, »auf dem Papier nicht anders als aus
dem Mund«. Die Beschreibung seiner idealen Sprache ist konkret, herzhaft, sinnlich. Er spart nicht an
körperlichen Adjektiven bei der Beschreibung des
von ihm bevorzugten Stils, der rhetorisch sämtliche
Charakteristika der Kürze des Ausdrucks, der strengen *brevitas* der Spartaner aufweist und sich von der

reichen Fülle, der *ubertas* der Athener abhebt – auch wenn er damit rechnen muss, etwas schwierig zu werden und in die Nähe des verschlüsselten Stils der Kreter zu rücken. Den Hochburgen der rhetorischen Eloquenz – Schule, Lehrstuhl und Gericht – setzt Montaigne die militärische Sprechtechnik Julius Caesars entgegen, seinen abgehackten, gedrängten Stil, der sich statt durch lange Satzgefüge durch kurze, abrupte Sätze auszeichnet.

Montaigne hat jedoch noch ein anderes, jüngeres stilistisches Modell als Vorbild vor Augen, das er in einem Werk gefunden hat, das 1528 gedruckt wurde und damals groß in Mode war, *Der Hofmann* von Baldassare Castiglione: Es handelt sich um das, was man im Italienischen *sprezzatura* nennt, die Ungezwungenheit oder Lässigkeit des Höflings, die beflissene Nachlässigkeit, die, im Gegensatz zur Affektiertheit, ihre Kunst verbirgt:

»Ich habe die Lässigkeit in der Kleidung, wie man sie an unsrer Jugend sieht, gern übernommen: den Mantel schräg umgebunden, die Kapuze auf einer Schulter, einen Strumpf nicht straffgezogen – zeigt das doch eine stolze Geringschätzung der uns fremden Modevorschriften und eine große Gleichgültigkeit gegenüber kunstvoller Aufmachung. Eine solche Haltung empfiehlt sich erst recht, finde ich, wenn es um die Redeweise geht. Vor allem in Anbetracht der fröhlichen, freien Wesensart der Franzosen steht einem Höfling bei uns Geziertheit schlecht zu Gesicht. In einer Monarchie sollte aber für die Erziehung jedes Edelmanns gelten, was für einen Höfling gilt. Daher tun wir gut daran, eher das Natürliche und Unbekümmerte zu bevorzugen.« (I, 26, 268 f.)

Genau das ist Montaignes Stil: Die Kapuze auf der einen Schulter, der Mantel schief, der eine Strumpf nach unten gerutscht; die höchste Kunst trifft wieder auf die Natur.

Antimemoiren

Montaigne hat zum Gedächtnis eine höchst ambivalente Einstellung. Der antiken Tradition entsprechend preist er es unablässig als eine unentbehrliche Fähigkeit des vollendeten Menschen. Das Gedächtnis ist einer der letzten Punkte im System der Rhetorik; dank ihm verfügt der Redner über einen Schatz von Wörtern und Dingen, der es ihm erlaubt, sich unter allen Umständen gut auszudrücken. Sämtliche Abhandlungen zur Rhetorik wie etwa die von Cicero oder Quintilian rufen zur Ertüchtigung des Gedächtnisses auf. Die Renaissance ist außerdem das Zeitalter des künstlichen Gedächtnisses und des Gedächtnistheaters, beides Techniken zum Speichern von Wissen. Jedoch distanziert sich Montaigne davon, wenn er immer wieder auf den erbärmlichen Zustand seines Gedächtnisses zurückkommt wie zum Beispiel in seinem Selbstporträt im Kapitel »Über den Dünkel«:

»Das Gedächtnis ist ein höchst hilfreiches Instrument, ohne das der Verstand sein Werk kaum verrichten kann. Mir fehlt es völlig. Was man mir begreiflich machen will, muß man stückchenweise vorbringen; denn auf Ausführungen zu antworten, die vielerlei Gesichtspunkte darlegen, übersteigt meine Kraft. Ich könnte keinen Auftrag entgegennehmen, ohne ihn sofort zu notiern, und wenn ich eine wichtige Rede zu halten habe, muß ich, falls sie eine gewisse Länge überschreitet, zu dem so miserablen wie blamablen Notbehelf Zuflucht nehmen, sie Wort für Wort auswendig zu lernen – sonst verlöre ich vor lauter Angst, daß mein Gedächtnis mir einen üblen Streich spielen könnte, Fassung und Form.« (II, 17, 483)

Montaigne gesteht also, dass er unter einem schlechten Gedächtnis leidet. Dies ist nur ein Fehler von vielen, die er jedes Mal, wenn er sich selbst beschreibt, zur Illustration seiner körperlichen und moralischen Unzulänglichkeiten anführt.

Er ist unfähig, sich eine komplizierte Äußerung zu merken und folglich etwas darauf zu erwidern; will man ihm einen Auftrag erteilen, muss dieser schriftlich festgehalten werden; und wenn er eine Rede halten soll, lernt er sie auswendig und sagt sie dann mechanisch auf. Woran Montaigne hier so eindringlich erinnert, ist, dass ihm das geübte Gedächtnis eines Redners fehlt, der ein Gebäude vor Augen hat, wenn er einen Vortrag hält, ein Haus, dessen Räume er in Gedanken durchmisst, während er aus jedem die

Dinge und Wörter aufnimmt, die er zuvor dort niedergelegt hat. Montaignes Gedächtnis verfügt nicht über diese Geschmeidigkeit; und so muss er sich damit zufriedengeben, seine Reden auswendig aufzusagen.

Doch ein fehlendes Gedächtnis hat auch seine Vorzüge. Zunächst einmal untersagt es das Lügen, verpflichtet zur Aufrichtigkeit. Denn ein Lügner ohne Gedächtnis weiß nicht, was er zu wem gesagt hat; er wird sich zwangsläufig widersprechen, und sein Schwindel wird bald auffliegen. So kann Montaigne seine Redlichkeit in seiner üblichen Bescheidenheit statt als Tugend als Notwendigkeit darstellen, zu der ihn sein schwaches Gedächtnis zwingt. Darüber hinaus hat ein Mann ohne Gedächtnis ein besseres Urteilsvermögen, hängt er doch weniger von den anderen ab:

»Gefäß und Behälter des Wissens ist das Gedächtnis; da ich nur über ein so mangelhaftes verfüge, habe ich wenig Grund, mich zu beklagen, daß ich kaum etwas weiß. Zwar kann ich im großen und ganzen sagen, wie die Wissenschaften heißen und wovon sie handeln, weiter aber nichts. Statt die Bücher durchzuarbeiten, blättre ich bloß darin herum. Was hiervon haften bleibt, erkenne ich nicht mehr als fremdes Gut – ich behalte es einfach als die Gedanken und Vorstellungen, die mein Geist eingesogen und so für sich genutzt hat. Den Verfasser, den

Ort, den Wortlaut und andre Einzelheiten hingegen vergesse ich sofort.

Im Vergessen bin ich derart unschlagbar, daß mir meine eignen Schriften und Abhandlungen genauso entfallen wie alles sonst.« (II, 17, 486)

Kurz, Montaignes Demutsbekenntnis in Sachen Gedächtnis könnte auch als Forderung nach Originalität gelesen werden.

Gerüche, Ticks und Gebärden

Montaigne interessiert sich in den Büchern, die er liest, für Details, die uns auf den ersten Blick als nebensächlich erscheinen könnten, so wie jenes, von dem er in dem kurzen Kapitel »Über Gerüche« im ersten Band der *Essais* berichtet:

»Von manchen, darunter Alexander dem Großen, wird berichtet, daß ihr Schweiß dank einer besondren, selten anzutreffenden Körperbeschaffenheit einen angenehmen Geruch verbreitet habe (und Plutarch und andere haben versucht, die Ursache hierfür herauszufinden). Mit den gewöhnlichen Körpern aber verhält es sich umgekehrt: Ihr vorteilhaftester Zustand ist die Geruchlosigkeit. Selbst der reinste, lieblichste Atem, wie er zum Beispiel gesunden Kindern eignet, zeichnet sich zuvörderst dadurch aus, daß er keinerlei Geruch hat, der unsren Widerwillen erregen könnte.« (I, 55, 472)

Montaigne hat diese kurze Anekdote in seinem Lieblingsbuch gefunden, einem Bestseller der Renaissance, Plutarchs *Große Griechen und Römer.* Zunächst einmal ruft uns der Auszug in Erinnerung, dass die Gerüche vor der modernen Hygiene eine wahre Folter sein konnten: Wenn es sich »mit den gewöhnlichen Körpern umgekehrt zu Alexander verhält«, wie Montaigne schreibt, heißt dies, dass die meisten Menschen schlecht rochen. Außerdem fühlt sich Montaigne, wenn er unterwegs ist, durch die Ausdünstungen der Stadt belästigt: »Wenn ich eine Unterkunft suche, geht es mir zuallererst darum, dort keine schwere, stinkende Luft vorzufinden. Venedig und Paris, diese beiden so schönen Städte, beeinträchtigen die Vorliebe, die ich für sie hege, durch ihren widerlichen Geruch, der bei der einen vom Sumpf kommt, bei der andern vom Dreck.« (I, 55, 474)

Das Beste, das man erhoffen kann, ist, dass die Leute nach gar nichts riechen. Und nun roch dieser Alexander – mit seinem angenehmen Geruch – nicht nur nicht schlecht, sondern von Natur aus gut. Er hatte Plutarch zufolge ein heißes Temperament, das von dem Feuer herrührte, das in seinem Körper brannte und die Feuchtigkeit vertrieb. Montaigne kann gar nicht genug bekommen von solcherlei Hinweisen, die er bei den Historikern aufspürt. Er interessiert sich nicht für die großen Ereignisse, für Schlachten und Eroberungen, sondern für Anekdoten, Ticks und Gebärden: Alexander neigte den Kopf zur Seite, Caesar kratzte sich mit einem Finger am Kopf, Cicero bohrte in der Nase. Diese unbeabsichtigten, vom Willen unabhängigen Gesten sagen mehr über den Menschen als seine legendären Taten. Nach ihnen sucht Montaigne in den Geschichtsbüchern, seiner bevorzugten Lektüre, wie er im Kapitel »Über Bücher« im zweiten Buch der *Essais* gesteht:

»Am besten komme ich mit den Geschichtsschreibern zurecht. Sie sind angenehm zu lesen und leicht zu verstehn. Gleichzeitig tritt der Mensch als Ganzes, um dessen Kenntnis mir es ja geht, bei ihnen lebendiger und anschaulicher in Erscheinung als irgendwo sonst, mit all der Vielfalt seiner wahren Wesenszüge im großen und im kleinen, all seinen mannigfachen Umgangsformen und all den Mißlichkeiten, die ihn bedrohn. Unter den Geschichtsschreibern wiederum sind mir die Biographen am liebsten, weil sie sich mehr die Absichten als die Ereignisse angelegen sein lassen: mehr das, was aus dem Innern des Menschen kommt, als das, was ihm von außen widerfährt.« (II, 10, 135)

Es geht Montaigne in den Geschichtsbüchern, seiner Lieblingslektüre, also nicht um die Ereignisse, sondern um die »Absichten«, das heißt um die Erwägungen, die den Entscheidungen vorangehen, um die Art und Weise, wie sie zustande kommen. Der Lauf der Ereignisse hängt vom Zufall ab; die Erwägungen sagen uns weit mehr über die Menschen, denn sie lassen uns in sie hineinsehen.

»Daran liegt es, daß in jeder Hinsicht Plutarch

mein Mann ist. Bei Diogenes Laertios bedaure ich, daß wir nicht Dutzende hiervon haben, denn leider berichtet er mir weder extensiv noch intensiv genug über die Philosophen – bin ich doch auf die Geschicke und Lebensläufe dieser großen Menschheitserzieher nicht minder neugierig als auf die Vielfalt ihrer Lehren und Spekulationen.« (II, 10, 135)

Und so hat sich Montaigne, ein Liebhaber von Lebensläufen, daran gemacht, seinen eigenen niederzuschreiben.

Gegen die Folter

Der Fall Martin Guerre hat Berühmtheit erlangt. Dieser Bauer aus der Grafschaft Foix kehrte seinem Dorf aufgrund eines familiären Konflikts den Rücken, und als er zwölf Jahre später zurückkam, war sein Platz, bis hinein ins eheliche Bett, von einem Doppelgänger besetzt. Er legte Beschwerde ein. Es folgte ein langer Prozess, der zwischen den beiden Männern eine Entscheidung herbeiführen sollte. Im Jahr 1560 wurde Arnaud du Tilh, der Usurpator – im Film *Die Wiederkehr des Martin Guerre* von Daniel Vigné aus dem Jahr 1982 von Gérard Dépardieu gespielt –, schuldig gesprochen und gehängt. Jean de Coras, Jurist und Mitglied des Parlaments von Toulouse, veröffentlichte einen Bericht über diese »wundersame Geschichte unserer Zeit«. Montaigne kommt im dritten Buch der *Essais* im Kapitel »Über die Hinkenden« darauf zu sprechen:

»Ich habe in meiner Jugend den Kommentar gelesen, den Jean de Coras, Richter am Parlament von Toulouse, zu seinem Urteil im Prozeß über einen seltsamen Vorfall drucken ließ. Er ging um zwei Männer, von denen jeder sich für den andern ausgab. Soweit ich mich erinnere (und ich erinnre mich allein an ebendies), schien er mir den Betrug desjenigen, den er schuldig sprach, als derart verwunderlich und all unsre wie seine eignen Erkenntnisse als derart weit überschreitend darzustellen, daß ich die Verurteilung des Mannes zum Tode durch den Strang höchst vermessen fand.

Laßt uns doch eine andere Urteilsform einführn, etwa des Wortlauts: ›Das Gericht hat keine Ahnung, wovon die Rede ist.‹ Das wäre jedenfalls ehrlicher und offner als jenes Verhalten der Areopagiten, die, durch einen Fall in Bedrängnis gebracht, weil sie ihn nicht zu entwirren vermochten, schließlich verfügten, die Parteien sollten in hundert Jahren wiederkommen.« (III, 11, 385)

Montaigne bringt die Jahre etwas durcheinander – er war damals 27 und kein Kind mehr –, was jedoch nichts an seiner Ratlosigkeit ändert. Er wäre an Coras' Stelle nicht imstande gewesen, über die beiden Martins, dem wahren und dem falschen, zu entscheiden, über denjenigen, der während langer Zeit den Platz an der Seite der Familie und der jungen Frau eingenommen hatte, und über denjenigen, der nach vielen Jahren zurückkam und seinen Platz einforderte. Das Abenteuer des genannten Martin Guerre kommt ihm so »verwunderlich« vor und die

Sicherheit des urteilenden Richters so anmaßend, dass es ihm lieber gewesen wäre, dieser hätte sein Urteil, wenn nicht aufgehoben, so doch aufgeschoben, wie es in einem unlösbaren Fall die Areopagiten, die Mitglieder des höchsten Gerichtshofs im antiken Athen taten.

Der Fall Martin Guerre ist nur einer von vielen schwierigen und undurchschaubaren Fällen, für die Montaigne sich interessiert. Er protestiert gegen die Folter, die man zu deren Aufklärung einsetzt – beispielsweise, wenn es um Verurteilungen von Hexen geht, für die er, als einer der ganz wenigen seiner Zeit, genauso eine Urteilsenthaltung fordert:

»Die Hexen in meiner Nachbarschaft geraten jedesmal in Lebensgefahr, wenn ein neuer Autor den Wirklichkeitsgehalt ihrer Visionen nachzuweisen sucht. Das Wort Gottes gibt uns für dergleichen Dinge zwar völlig zuverlässige und unwiderlegbare Beispiele; sie jedoch auf die gegenwärtigen Vorfälle anwenden zu wollen erfordert einen anderen Verstand als den unsren, da wir deren Ursachen und Mittel nicht zu erkennen vermögen. [...] Ehe man Menschen tötet, muß die Beweislage klar sein wie der hellichte Tag [...]; und ich teile die Auffassung des heiligen Augustinus, bei Dingen, die schwer zu beweisen und schwerlich zu glauben sind, solle man eher dem Zweifel als der Gewissheit zuneigen.« (III, 11, 385–388)

Man berief sich damals auf Abhandlungen zur Dämonologie, die die Phänomene der schwarzen Magie zu erklären behaupteten und in den Hexenprozessen den Einsatz von Folter rechtfertigten. Montaigne bleibt skeptisch: Für ihn sind die Hexen verrückt und die Dämonologen Hochstapler; sie unterliegen derselben kollektiven Illusion. Unser Unwissen müsste uns zu mehr Vorsicht und Zurückhaltung veranlassen. »Jene Leute«, folgert Montaigne, »schätzen den Wert ihrer religiösen Spekulationen doch wohl allzu hoch ein, wenn sie um derentwillen einen Menschen bei lebendigem Leibe verbrennen lassen!« (III, 11, 389)

Montaigne verwehrt sich im Fall Martin Guerre, in Bezug auf die Hexen und – im Kapitel »Über Wagen« – auch auf die Indianer der Neuen Welt gegen jegliche Form der Grausamkeit und spricht sich für Toleranz und Nachsicht aus. Haltungen, die ihn besser charakterisieren, gibt es wohl kaum.

Sic et non

Wenn Montaigne Themen der Religion anspricht, geht er stets mit äußerster Behutsamkeit vor, so auch zu Beginn des Kapitels »Über das Beten« im ersten Buch der *Essais*, wo er seine Meinung zu einem christlichen Brauch äußert:

»Ich trage hier ungeformte und unfertige Gedanken vor (wie es jene tun, die umstrittne Fragen öffentlich aufwerfen, damit die Schulen der Gelehrten sie erörtern): nicht um die Wahrheit zu verkünden, sondern um sie zu suchen; und ich unterwerfe sie dem Urteil derer, denen es zukommt, Richtlinien nicht nur für meine Handlungen und meine Schriften festzulegen, sondern selbst für meine Gedanken. Verurteilung wie Billigung von ihrer Seite wird mir gleichermaßen willkommen und dienlich sein; denn es erschiene mir fluchwürdig, wenn sich etwas fände, das ich aus Unwissenheit oder Unachtsamkeit gegen die heiligen Gebote der katholischen und apostolischen römischen Kirche gesagt hätte, in deren Schoß ich geboren bin und sterben werde.« (I, 56, 475)

Wieder einmal beginnt das Kapitel mit einer Bescheidenheitserklärung: Dies alles sind nichts als freie Gedankenäußerungen, man hüte sich, Schlüsse daraus zu ziehen; es wird diskutiert um der Diskussion willen, so wie man in der Universität sowohl das Für als auch das Wider einer These verteidigt, *sic et non*, Pro und Kontra, nur um zu üben, nicht um Wahrheiten zu verkünden; schließlich handelt es sich hier um *Essais*, das heißt um theoretische Versuche oder Übungen, um Gedankenspiele und nicht um philosophische oder theologische Abhandlungen. Montaigne hängt nicht allzu sehr an seinen Worten, er ist bereit, sie zu verwerfen, falls sie sich als falsch herausstellen sollten, und er unterwirft sich vorbehaltlos der Autorität der Kirche.

Das war auch der Grund seiner Reise nach Rom im Jahr 1580, wo er das erste und zweite Buch der *Essais* der päpstlichen Zensur vorlegte. Diese beanstandete zwar ein paar einzelne Details wie etwa die Verwendung des Wortes »Zufall«, hatte aber beispielsweise nichts gegen Montaignes Fideismus beziehungsweise seinen Skeptizismus einzuwenden, das heißt gegen die nahezu absolute Trennung von Glaube und Vernunft in der »Apologie für Raymond Sebond«. Außerdem bekräftigte Montaigne nach 1588, als er den Tod näher rücken fühlte, zu Beginn des Kapitels »Über das Beten« noch einmal seine traditionelle Verbundenheit mit der Kirche.

Was ihn nicht daran hinderte, beharrlich sein Misstrauen gegenüber den Wundern und dem Aberglauben zum Ausdruck zu bringen oder, wie wir gesehen haben, für mehr Toleranz gegenüber den Hexen in seiner Nachbarschaft zu plädieren.

Es lassen sich in den *Essais* aber auch einige eher irritierende Passagen finden, wie jene in der »Apologie«:

»Wie oft ändern wir unsre Vorstellungen! Was ich heute meine und glaube, meine und glaube ich aus innerster Überzeugung: All meine Kräfte stehn mir mit allem, was sie vermögen, dafür ein. Keine Wahrheit könnte ich mit größerer Inbrunst mir zu eigen machen und bewahren als diese. Ich bin ganz von ihr eingenommen, ich bin es wirklich. Und dennoch: Ist es mir nicht widerfahren – und das keineswegs nur einmal, sondern hundertmal, sondern tausendmal und alle Tage –, daß ich mir hernach mit denselben Kräften und derselben Inbrunst irgendeine andre Wahrheit zueigen machte, die ich inzwischen auch wieder als falsch verworfen habe?« (II, 12, 354 f.)

Ich kann also in einem bestimmten Augenblick mit höchster Sicherheit, absoluter Gewissheit und äußerster Ernsthaftigkeit von etwas überzeugt sein, wohl wissend, dass ich meine Meinungen schon oft geändert habe. Die Unsicherheit beim Urteilen und die »Wechselhaftigkeit unseres Handelns« sind geradezu Schlüsselbegriffe in den *Essais* und werden an strategischen Stellen oft wiederholt. Wenn Montaigne von seinem Glauben spricht, führt er zwar nicht ausdrücklich den christlichen Glauben an, dieser aber ist nur vor der zuvor genannten Unbeständigkeit geschützt, wenn man annimmt, dass er von ganz anderer Ordnung ist und nicht denselben Maßstäben unterliegt wie alles Menschliche.

Das wissende Nichtwissen

Gegen Ende des ersten Buches der *Essais*, zu Beginn des Kapitels »Über Demokrit und Heraklit« – über den lachenden und den weinenden Philosophen, zwei Arten, auf das Elend und die Torheit der Menschen zu blicken –, zieht Montaigne die Bilanz seiner angewandten Methoden:

»Stets ergreife ich die erstbeste Sache, die der Zufall mir bietet. Ich finde sie alle gleichgut. Dabei plane ich nie, sie erschöpfend darzulegen.« (I, 50, 453)

Oder anders ausgedrückt: »Alle Themen sind für mich gleichermaßen fruchtbar.« (III, 5, 147) Montaignes Reflexionen können von irgendeiner zufälligen Beobachtung, Lektüre oder Begegnung ausgehen. Darum liebt er das Reisen so sehr und – wie wir gesehen haben – ganz besonders das Reisen zu Pferd, bei dem ihm stets die besten Gedanken kommen, die er dann schweifen lässt, bevor sie sich, im Takt der Bewegung der Dinge, des Lebens wieder verflüchtigen. Er verfolgt einen Einfall eine Weile, lässt ihn wieder los und nimmt einen anderen auf, alles nicht so wichtig, ist doch ohnehin alles miteinander verflochten.

Diese Kurzbilanz wird später durch eine etwas ausführlichere ergänzt:

»[...] denn von nichts sehe ich das Ganze (noch tun das jene, die versprechen, es uns sehn zu lassen). Von den hundert Gliedern und Gesichtern, die jedes Ding hat, nehme ich mir jeweils eins vor, zuweilen um bloß daran zu lecken, zuweilen um seine Oberfläche abzutasten; öfters aber auch, um bis zu den Knochen vorzustoßen. Ich möchte nicht so breit, sondern so tief eindringen, wie ich nur kann; und meistens liebe ich es, die Dinge hierbei von einer ungewöhnlichen Seite her in den Griff zu nehmen.« (I, 50, 453 f.)

Später – die erste Ausgabe der *Essais* ist publiziert – ist Montaigne seiner Sache sicherer: Jene, die behaupten, den Dingen auf den Grund zu gehen, sagt er, betrügen uns, denn es ist dem Menschen nicht gegeben, bis auf den Grund der Dinge vorzustoßen. Die Welt ist so vielfältig, dass jedes Wissen ungewiss ist, sich zu einer Meinung reduziert. Die Dinge haben »hundert Glieder und Gesichter«. »In nichts ist sich alles gleicher als in der Ungleichheit.« (II, 37, 691) Einen der zahlreichen Aspekte zu erhellen ist alles, was ich erhoffen kann. Montaigne reiht verschiedene Ansichten aneinander, widerspricht sich dabei selbst, aus dem einfachen Grund, dass die Welt selbst voller Paradoxe und Ungereimtheiten ist.

»Gewiß würde ich es wagen, einen Gegenstand von Grund auf abzuhandeln, wenn ich mich weniger gut kennte und über mein Unvermögen hinwegtäuschte. So aber lasse ich hier ein Wort und dort ein andres als dem Ganzen zusammenhanglos entnommne Probe-stückchen fallen, ohne Plan und Versprechen, und bin deshalb weder dem Leser noch mir selbst gegen-über verpflichtet, mich streng an die jeweilige Sache zu halten; vielmehr kann ich sie nach Lust und Laune variieren und mich dem Zweifel und der Ungewiß-heit anheimgeben – sowie meinem maßgeblichen Wesenszug: dem Nichtwissen.« (I, 50, 454)

Es ist eine Illusion zu glauben, dass wir eine Sache erschöpfend erschließen können. Von einem Thema zum andern hüpfend, eine Sache willkürlich unter einem Aspekt betrachtend, schreibt Montaigne nicht mit dem Anspruch, dass seine Aussagen richtig, um-fassend und definitiv sind, sondern folgt seiner Laune, widerspricht sich da und dort und verzichtet auf ein Urteil, wenn sich das Thema als verwickelt oder fraglich erweist wie etwa bei der Hexerei.

Der Absatz schließt mit einer Lobrede auf das Nichtwissen, seinem »maßgeblichen Wesenszug«. Doch Vorsicht, dieses Nichtwissen, dem sich das Schlusswort der *Essais* widmet, hat nichts mit der pri-mitiven Unwissenheit zu tun, mit »der Dummheit und Ignoranz« desjenigen, der das Wissen verwei-gert, der sich gar nicht erst darum bemüht, sondern es ist ein gelehrtes, wissendes Nichtwissen, eines, das durch das Wissen hindurchgegangen und zum Schluss gekommen ist, dass es stets nur Halbwissen bleiben wird. Es gibt nichts Schlimmeres auf der Welt als Halbwissende, wird Pascal sagen, Leute, die meinen zu wissen. Das Nichtwissen, auf das Montaigne seinen Lobgesang anstimmt, ist dasjenige von Sokrates, der weiß, dass er nicht weiß, es ist »die schwierigste und höchste Stufe der Vollkommnheit« (III, 12, 424), die auf die »reine, sich ihrer selbst unbewußte Urgestalt der Natur« (III, 12, 423) trifft.

Die verlorene Zeit

In seinen Randbemerkungen im Bordeaux-Exemplar der *Essais* – dieser dicke Wälzer im Quartformat aus dem Jahr 1588, den er bis zu seinem Tod 1592 mit seinen »allongeails« versehen hat – kommt Montaigne immer wieder auf das Konzept zurück, das seinem Werk zugrunde lag, so auch in dieser Fußnote zum Kapitel »Wenn man einander des Lügens bezichtigt«:

»Und wenn mich überhaupt niemand lesen wird – heißt das denn, mich so viele Mußestunden mit derart nützlichen und angenehmen Betrachtungen unterhalten zu haben sei verlorene Zeit für mich gewesen? Indem ich dieses Porträt nach mir formte, mußte ich, um die wesentlichen Züge aus mir herauszuholen, derart oft die rechte Haltung einnehmen, daß das Modell selber erst feste Konturen darüber gewonnen, sich gleichsam selber erst ganz durchgestaltet hat. Indem ich mich für andre malte, legte ich klarere Farben in mir frei, als sie es ursprünglich waren. Ich habe mein Buch nicht mehr gemacht, als es mich gemacht hat: ein Buch, das mit seinem Autor wesensgleich ist, nur mit mir beschäftigt, unabdingbarer Teil meines Lebens und nicht auf außerhalb seiner selbst liegende Ziele gerichtet wie alle Bücher sonst.« (II, 18, 505)

Welchen Sinn haben die *Essais* überhaupt? Was Montaigne für uns so menschlich macht, was ihn uns so nahe bringt, ist der Zweifel, einschließlich dem an sich selbst. Er zögert ständig, ist zwischen Freude und Traurigkeit hin- und hergerissen. Auch als die *Essais* bereits fertig geschrieben sind, ist der Mann, der ihnen den größten Teil seines Lebens gewidmet hat, noch immer dabei, sich zu fragen, ob er nicht seine Zeit vergeudet hat. Er stellt das Buch als ein Abbild dar, als einen Abdruck, der die Konturen seines Modells nachbildet. Doch Montaigne geht noch weiter, er begnügt sich nicht mit dieser simplen Analogie: Er beschreibt sogleich eine Dialektik, aufgrund derer sich Original und Reproduktion, »Modell« und »Porträt«, um seine Begriffe aufzugreifen, gegenseitig bedingen. Das Anfertigen des Abdrucks hat das Modell verändert, das erst »die rechte Haltung einnehmen« musste und nun besser frisiert und zurechtgemacht daraus hervorgeht. Das Modell findet sich in der Kopie wieder, doch die Kopie hat auch das Modell verändert, sie haben sich gegenseitig geformt, oder mit anderen Worten, sie sind einander geworden, sodass sie nicht mehr unterscheidbar sind.

»[M]it einem erfaßt man beide« (III, 2, 35), wie Montaigne im Kapitel »Über das Bereuen« sagt.

Man spürt einen gewissen Stolz, dass ihm ein solch beispielloses Unternehmen gelungen ist, hatte doch vor ihm noch nie ein Autor die Ambition, diese vollkommene Identität zwischen Mensch und Buch zu verwirklichen. Doch natürlich muss diese kleine Eitelkeit sofort dementiert werden, schließlich ist alles ohne Absicht geschehen, dem Zufall entsprechend und den Launen folgend.

»Und ist es denn verlorne Zeit für mich gewesen, stets und ständig mir schriftlich Rechenschaft über mich abgelegt zu haben und so voller Sorgfalt? Jene, die nur dann und wann, zudem nur unverbindlich daherredend auf sich eingehn, prüfen sich doch nie so ernsthaft und dringen nie so weit zu ihrem wahren Wesen vor wie einer, der hieraus seinen Forschungsgegenstand macht, sein Werk und sein Metier, indem er nach bestem Wissen und Gewissen und nach besten Kräften darangeht, auf Dauer über sich Buch zu führen. […] Wie oft hat mich diese Aufgabe von lästigen Gedanken abgelenkt« (II, 18, 505 f.).

Montaigne ist sich der Ausgefallenheit und Kühnheit seines Vorhabens bewusst: Jene, die sich nur gelegentlich und nur durch Gedanken und Worte selbst erforschen, gelangen nicht zu solch einer Selbsterkenntnis und damit zu solch einer Kenntnis des Menschen überhaupt. Montaigne weiß, dass das

Schreiben, besonders das Schreiben über sich selbst, ihn verändert hat, sowohl im Umgang mit sich selbst als auch mit anderen. »Dass ein solcher Mensch geschrieben hat, dadurch ist wahrlich die Lust, auf dieser Erde zu leben, vermehrt worden«, wird Nietzsche versichern.

Aber Montaigne geht es nicht darum, sich ein »Standbild [...] an der Straßenkreuzung« (II, 18, 504) zu errichten: Sobald er sich etwas vorgewagt hat, zieht er sich sofort wieder zurück: Das Schreiben war vor allen Dingen eine Zerstreuung, ein Weg, der Langeweile zu entrinnen, ein Heilmittel gegen die Melancholie.

Der Thron der Welt

Lange Zeit habe ich mich gefragt, ob ich es wagen sollte, die höchst despektierliche Schlussbemerkung der *Essais* zu zitieren auf die Gefahr hin, damit zartbesaitete Gemüter zu brüskieren. Aber wenn Montaigne es gesagt hat, warum sollte ich es dann unterschlagen? Also her damit, es ist die letzte Gelegenheit:

»Als Äsop, dieser große Mann, seinen Herrn im Gehen pissen sah, rief er aus: ›Wie, werden wir gar im Laufen scheißen müssen?‹ Gewiß sollten wir mit unsrer Zeit haushälterisch umgehn – doch selbst dann wird uns noch viel brachliegende und schlecht genutzte übrigbleiben.« (III, 13, 522)

Eine ganze Lebensphilosophie ist hier in ein paar bestechenden Worten zusammengefasst. Die Menschen der Renaissance zierten sich noch nicht so sehr wie wir heute, sie sagten frei heraus, was sie dachten. Das letzte Kapitel der *Essais*, »Über die Erfahrung«, bringt Montaignes abschließende Lebensweisheit zum Ausdruck, die oft mit dem Epikureismus assoziiert wird: Nehmen wir uns Zeit zum Leben; halten wir uns an die Natur; genießen wir den Augenblick, überstürzen wir nichts. *Festina lente*, Eile mit Weile, wie es ein paradoxer Leitspruch, der auch von Erasmus geschätzt wurde, zusammenfasst. Oder wie Montaigne es etwas weiter oben ausdrückt:

»Ich habe mein völlig eigenes Vokabular. Ich *vertreibe* die Zeit, wenn sie schlecht und unerfreulich ist; wenn aber gut, will ich sie nicht vertreiben, sondern *festhalten* und *auskosten*. Die schlechte sollte man *durcheilen*, in der guten *verweilen*.« (III, 13, 516)

Verjagen wir die Zeit, wenn sie beschwerlich ist, doch kosten wir die vergnüglichen Augenblicke genüsslich aus. *Carpe diem*, sagte Horaz: Genieße den Tag, und vertraue möglichst wenig auf den folgenden; koste ihn voll und ganz aus, ohne an den Tod zu denken. Auf den letzten Seiten der *Essais* wird diese Lehre in allen Variationen durchgespielt und der Einklang mit sich selbst proklamiert.

»Wenn ich tanze, tanze ich, und wenn ich schlafe, schlafe ich; selbst wenn ich einsam durch einen schönen Park spaziere und meine Gedanken sich eine Zeitlang mit anderweitigen Dingen beschäftigen, lenke ich sie dann eine Zeitlang auf den Spaziergang zurück, auf den Park, auf den Zauber dieser Einsamkeit, auf mich.« (III, 13, 510)

Die Lebensethik, die Montaigne hier vorlegt, ist gleichzeitig eine Ästhetik, sie spricht von der Kunst, in Schönheit zu leben. Die Bewusstheit des Augenblicks führt zu einer Haltung dem Sein in der Welt gegenüber, die eine bescheidene, natürliche, einfache und durch und durch menschliche Haltung ist.

»Die hochherzige Inschrift, mit der die Athener den Pompeius in ihrer Stadt willkommen hießen, ist ganz nach meinem Sinn:

Ein Gott wirst du von uns genannt,
soweit du dich als Mensch erkannt.

Es ist höchste, fast göttergleiche Vollendung, wenn man das eigene Sein auf rechte Weise zu genießen weiß. Wir suchen andere Lebensformen, weil wir die unsre nicht zu nutzen verstehn; wir wollen über uns hinaus, weil wir nicht erkennen, was in uns ist. Doch wir mögen auf noch so hohe Stelzen steigen – auch auf ihnen müssen wir mit unsren Beinen gehn; und selbst auf dem höchsten Thron der Welt sitzen wir nur auf unserm Arsch.

Meiner Ansicht nach sind jene Leben am schönsten, die sich ins allgemeine Menschenmaß fügen, auf wohlgeordnete Weise, ohne Sonderwünsche, ohne Wundersucht.« (III, 13, 523 f.)

In diesen letzten Worten der *Essais* wird das Leben angenommen, wie es uns gegeben ist, was immer es bereithält, und es ist dasselbe für alle, für die Mächtigen und die Armen, denn vor dem Tod sind wir alle gleich. Montaigne wirft gar Sokrates, seinem höchsten Helden vor, dass er seinem Dämon, der ihn wie ein Schutzengel am Ärmel zupfte, folgen und den menschlichen Bedingungen entfliehen wollte. Montaigne ist im Gegensatz zu ihm der nackte Mensch, der sich der Natur unterwirft, sein Los akzeptiert, Montaigne ist unser Bruder.

Markus Gabriel

Warum es die Welt nicht gibt

Taschenbuch.
Auch als E-Book erhältlich.
www.ullstein-buchverlage.de

»*Eine großartige Gedankenübung*« *Slavoj Žižek*

Woher kommen wir? Sind wir nur eine Anhäufung von Elementarteilchen in einem riesigen Weltbehälter? Und was soll das Ganze eigentlich?

Die Welt gibt es nicht. Aber das bedeutet nicht, dass es überhaupt nichts gibt. Mit Freude an geistreichen Gedankenspielen, Sprachwitz und Mut zur Provokation legt der Philosoph Markus Gabriel dar, dass es zwar nichts gibt, was es nicht gibt – die Welt aber unvollständig ist. Wobei noch längst nicht alles gut ist, nur weil es alles gibt. Und Humor hilft durchaus dabei, sich mit den Abgründen des menschlichen Seins auseinanderzusetzen.

»Das Buch macht große Lust, sich Fragen nach Wirklichkeit, Religion und Sinn zu stellen.«
FAZ

Michael J. Sandel

GERECHTIGKEIT

Wie wir das Richtige tun

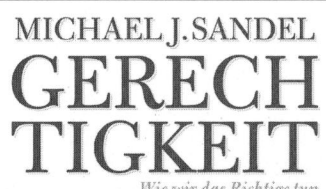

ISBN 978-3-548-37537-3

Anhand von Beispielen aus dem realen Leben, aber auch aus Literatur und Weltgeschichte diskutiert Michael J. Sandel die für jede Gesellschaft entscheidende Frage: Gibt es ein allgemeines Kriterium für gerechtes Handeln? Er prüft die Tauglichkeit moralischer Normen und stellt bedeutende Philosophen wie Aristoteles, Kant und Rawls einander gegenüber. Zudem erläutert er sein eigenes Konzept, in dem das Gemeinwohl und der konkrete Nutzen für den Menschen im Zentrum allen Tuns stehen.

Auch als ebook erhältlich
e-book

www.ullstein-buchverlage.de

ullstein